WHAT LIFE SHOULD MEAN TO YOU

自卑与超越

ALFRED ADLER

[奥] 阿尔弗雷德·阿德勒 著

李少聪 译

北方联合出版传媒(集团)股份有限公司

万卷出版有限责任公司

阿尔弗雷德·阿德勒肖像

  阿尔弗雷德·阿德勒（1870.2.7—1937.5.28），奥地利心理治学家，个体心理学创始人，与弗洛伊德、荣格齐名的心理学三巨头之一。他既是弗洛伊德的学生，也是弗洛伊德的反对者之一。他的方法涉及性格研究的全貌观方法，在20世纪后期的心理咨商和精神医学策略中具有极大的影响力。阿德勒率先强调社会因素在个人重新调整过程中的重要性，同时将精神医学带入其相关领域社群。

阿德勒的自卑感

现实中的补偿，总是会和自卑感并存。在他整个童年时期，他都与兄长保持竞争关系，并试图仿效其行为；这种竞争是因为他相信母亲更喜欢兄长；尽管他与父亲的关系很好，但在与母亲的关系中，他仍然与自卑感作斗争。现实中某一方面的自卑，会让人自尊受损，为了避免或减轻由此带来的挫败感，人们会打造、调动自身的优势资源，以转移外部对自己的关注点并挽回自尊。

《农民家庭》，路易·勒南，1640 年

　　《农民家庭》是阿尔弗雷德·阿德勒最喜欢的一幅油画。路易·勒南在描写农民形象及其生活时，不作任何掩饰，恶劣的农村环境，贫困的物质生活，终年劳碌在土地上的老人、为了温饱而操劳的瘦削老妇，营养不良、衣衫破旧、光着双脚的小姑娘，都画得精细异常，感人至深。在阿德勒看来，无论你取得了什么样的成就，处于什么样的环境中，都一定不满足于自己的现状，一定想超越自我。不论你是什么样的人，都会想着让自己的处境变得更好一点。阿德勒认为，自卑感人人都有，而且是人类文化的基础，是推动人类进步的动力。

儿童教育中的自卑情结

在阿德勒看来，无论是学校的教育，还是家庭的教育，最重要的目标，就是培养孩子跟别人合作的能力。每个人都活在社会之中，必须跟周围的其他人交往，不管你愿意不愿意，这都是必须要面对的。作为母亲不能过度宠爱孩子，否则会让他失去跟别人合作的能力。母亲首先要跟孩子之间建立合作关系，然后再把这种关系延伸到孩子和父亲之间，之后再把这种关系拓展出去，让孩子信赖别人。不能让孩子把目光都放在自己身上，而是要让他学会关心别人。

◇ 目录 ◇

第一章 ——— 生命的意义 ———

第二章 ——— 心灵与肉体 ———

第八章　── 青春期 ──

第
一
章

生命的意义

第一节
人类生活的意义

人类生活在一片充满"意义"的世界中。因此，身为人类的我们并非单纯地体验外部环境，还要思考外部环境对人的意义。为了认识世界，人类从自己的角度给世界上的各类事物命名。如"木头"的意义是"与人有关的木头"，"石头"的意义是"在人类生活中起重要作用的石头"。如果一个人不愿考虑事物对人有什么意义，只想完全客观地探究外界事物，那么他将非常不幸，他把自己和众人隔离，这种行为于人于己都没有好处。也就是说，他会变成一个没有意义的人。总之，人的存在无法脱离生活现实。我们体验世界，必先赋予其意义，并非只是体验现实本身。因此，我们可以说，事物的意义都是不全面的，甚至是荒谬的。"意义"本身就是一个充满谬误的领域。

如果问一个人："生命的意义是什么？"他很可能无法给出答案，因为一般人根本不会被这个看似毫无意义的问题困扰。但这个问题确实从人类诞生时就存在了，在当今时代，不论是年轻人还是老人，都会困惑："人为什么活着？活着的意义是什么？"不过，他们也只有在遭受挫折后才会发出这些疑问。如果一切都一帆风顺，没有遇到困难的考验，他们绝不会提出这些问题。其实，这些问题和答案都体现在人的行为中。如果仔细观察人们的言行，就会发现，每个人对生命的意义都存着不同的见解，并且他的所有观点、态度、行为、语言、礼仪、理想、习惯和性格等，都与他对生命的见解一致。其实，每个人的举止都源于他对生命意义的理解，也表现出他对自己和这个世界的认识。他会说："我是这般，世界是那般。"这就是他赋予自己和生命的意义。

世间有多少人，就有多少个对生命的见解。如上所言，也许每种事物的意义都存在谬误，生命的意义也一样。既然没有人知道生命的绝对意义，那么也可以说，没有一种对生命意义的理解是绝对错误的，所有的理解都介于这两个极端之间。不过，我们可以判断出，有些理解比较积极，有些比较消极；有些理解错误较多，有些错误较少。我们还能发现，那些积极的理解都有哪些共同之处，那些消极的理解为什么缺少这些共同点，这样就能找到一个衡量生命意义的标准，这个标准能帮助我们面对现实。在此，我们要记住，生命的真正意义指的是对人本身而言的真正意义，和人的目的、计划有关。如果脱离了人，就没有任何生命的意义可言。即使有，那也和人类无关，人们无法了解它，即使了解了也毫无意义。

第二节
人与外界的三大关系

　　每个人都会和外部生存环境发生三种关系，它们构成了人生和现实的内容，生活中所遇到的一切问题都源于这三种关系。这些问题会迫使我们做出应对，所以每个人都要对它们予以重视。从应对这三种关系的方式中，我们就能看出每个人对生命的态度。

　　第一种关系是我们与地球的关系。我们都生活在地球上，而不是其他地方，必须在地球为我们所限定的各种条件下生存。为了能在地球上生存、繁衍，我们的肉体和心灵必须一同成长，这个问题无法逃避，每个人都要接受挑战。无论我们做什么，行为都会展现我们对生存状况的态度，认为什么是必要的、合适的、可能的和可取的。我们是人类的一员，每一种行为都和这一事实有关。

　　想一想人类脆弱的肉体和危险的环境，我们就会明白正确理解生命的意义非常重要。为了自己的生命和人类的利益，我们必须要有远见，要保证生命的意义在很多年内基本不变。正如做一道数学题，我们必须努力得出正确结果，不能碰运气，也不能瞎猜，而且要坚持到底。关于生命的意义，虽然我们不可能找到一个无懈可击的真理，但必须竭尽全力求出一个接近的答案，而且还要不断探索，力争得出更好的答案。当然，我们被限制在地球上，这有利也有弊，所有的答案都会受这个事实影响。

第二种关系是我们与他人的关系。没有人能够脱离大众单独生活，所以我们会与身边的许多人发展关系。个人的力量非常弱小，能力又十分有限，无法完成复杂的任务，也不能实现所有的目标。一个人孤零零地生活，就只能独自面对所有问题，而等待他的只有毁灭。他不能延续自己的生命，更别提人类的了，所以他不可能和别人"老死不相往来"。个人对自己和人类幸福的最大贡献，就是和他人来往。因此，和生活有关的生命意义都要考虑到这个问题：我们的生活与他人有千丝万缕的联系，一旦切断了所有的联系，我们就会走向毁灭。为了生存，延续我们以及人类的生命，我们的情感必须与这个目标保持一致。

第三种关系是两性关系。人类是由两性构成的，个人和人类生命的存续都与两性有关，爱情与婚姻就是两性关系的一部分，任何男女都无法逃避。人们对这个问题会有不同的看法，所以人类有很多种不同的解决方式。从他们的解决方式，就能看出他们对这个问题的答案。

这三种关系带来了生命的三大问题：第一，地球为我们设定了种种限制，如何在这些限制条件下找到一个赖以生存的职业呢？第二，如何在人群中找到合适的位置，如何与人们相互合作并分享合作成果呢？第三，人有两性，人类延续需要依赖两性关系，我们该如何调整自己以适应两性关系呢？

个体心理学发现，人类的一切问题都可归为三类：职业问题、社会问题和两性问题。任何人对生命意义的理解，都会表现在他对这三个问题的看法、言行之中。举个例子，如果一个人没有经历过爱情，或者爱情不如意，工作又不努力，还没几个朋友，他就会觉得与他人相处是件痛苦的事。那么，从中我们可以推断出，他一定认为生活充满了艰难和危险，机会寥寥无几，挫折接踵而至。他的活动范围非常狭窄，他对生命意义的理解可以总结为："生命意味着保护自己不受伤害，把自己藏进套子里，和别人保持一定的距离。"

再举个相反的例子，如果一个人拥有甜蜜的爱情，工作成绩突出，交友广泛且收获很多，那么我们可以断定，这个人肯定认为生活充满机遇，并值得去创造，没有他克服不了的挫折。他会勇敢地面对生活中的各种问题，所以他对生命意义的理解可以总结为："生命的意义就是关注他人，作为团体中的一分子，我要为大家的幸福贡献自己的一份力量。"

第三节
培养社会情感

由上文可见，对生命意义的解读无论是否正确，都能从中找到一些共同点。神经症患者、精神病患者、罪犯、酒鬼、问题少年、自杀者、性变态者和娼妓等失败者，都缺少社会情感和同类情感。他们在对待工作、友谊和伴侣的问题上存在错误的看法，不相信和他人沟通、合作能解决这些问题。他们所理解的生命意义是"实现个人目标"，也就是说，他们认为自己的行为是在实现自己的目标，和他人毫无关系，他们只关心自己。在他们眼里，成败仅是个人的事情，与他人无关。

例如，杀人犯承认，他们在拿着武器时，会感觉自己很强大，但是很明显，只有他们自己这么认为。其他人就难以理解为什么武器能给他们带来这种感觉。实际上，"个人的生命意义"就是没有意义。我们的行为、意图也是这样，只有对他人有意义才算具有真正的意义。每个人都渴望活得有意义，但很多人却误入歧途，这就是因为他们没有意识到，人的生命意义在于为他人所做的贡献。

有这样一个故事。

一天，一个小宗教团体的领袖将所有信徒召集起来，告诉他们周三是世界末日。信徒们惊恐万分，马上变卖了家产，抛弃了所有尘世杂念，不安地等待灾难来临。然而周三到了，什么事都没有发生。第二天，信徒们找这个领袖要说法："看看我们现在多惨，我们卖了所有家产，逢人就说周三是世界末日。我们被嘲笑的时候也没有气馁，还坚持说这个消息绝对可靠。然而周三过去了，世界根本没有毁灭。"这个领袖回答说："我说的周三不是你们认为的周三。"显然，他是在利用人们对周三的个人解读来逃避信徒的谴责。不过他的这种对个人意义的解读和辩解实在经不起推敲。

真正的生命意义具有一个共同点，就是个人行为对其他人有意义，别人能从其行为中获得某种好处，能分享、接受这个生命意义。一个解决生命问题的好方法，必然能引起他人效仿，因为大家都看到了这个方法成功地解决了大家都会遇到的问题。即使是天才这一称号，也只能用对别人的价值来衡量，在评判一个人时，人们认为他的贡献对大家有很大好处，才会称他为天才。这种生命意义可以用一句话概括："真正的生命意义就是对众人有所贡献。"这里说的贡献不是人们认为自己有多大功劳，而是人们的真正成就。那些成功解决了各种难题的人，他们的行为举止似乎表明他们已经认识到，生命的意义就在于关注他人、与他人合作。他们所做的每一件事，似乎都立足于大众的利益，他们克服困难所采用的解决方式也不会和他人的利益有所冲突。

对很多人来说，这也许是非常新颖的观点。他们可能会想：生命的意义真的在于奉献、关注他人、与人合作吗？他们会问："要是一个人总想着别人，总是为别人的利益做贡献，那岂不是会损害自己的利益？为了得到充分的发展，怎么也得考虑一下自己吧，难道不应该先学会保护自己的利益、强大自己的人格吗？"

我认为，这种观点存在很大的误区，这些问题也是漏洞百出。如果个人对生命意义的理解很正确，那他肯定希望有所奉献，也会对这个目标抱有很大的激情，从而找到最符合自己目标的发展方式。他会根据目标调整状态、培养社会情感，并通过不断练习提高自己的能力，一旦确立了目标，他自然会不断发展自己；也只有确立了目标，他才会开始充实、武装自己，用自己所学应对生活中的各种问题。

以爱情与婚姻为例，如果我们深爱自己的伴侣，想尽自己所能让对方活得开心，生活过得红红火火，我们自然会表现出最好的一面。而如果我们只想发展自己的人格，不想对他人有任何裨益，那我们必然会变得蛮横、不讲理，且不快乐。

生命的意义在于奉献与合作，这从另一个方面也能看出来。看看我们周围，看看我们从祖先那里得到的一切，就会发现，那些留存下来的东西都是祖祖辈辈为人类生活做出的贡献。再看看他们耕种过的土地，看看公路和建筑，看看传统习俗、哲学、艺术、自然科学和社会科学，看看他们在改善生存环境过程中与人合作的所有成果，就能发现他们为了后代的幸福和社会的进步做出了非常大的贡献。

其他人怎么样了呢？那些从不与人合作、对生命的意义有不同理解，只想让社会为他们改变，只会问"我活着能得到什么"的人怎么样了？他们的生命没有留下一丝痕迹。他们不只是已经死亡了，活着时也没有什么贡献，似乎连地球都在说："我们不需要你，你不配拥有生命，你心里只有你自己，你想让全世界围着你转，可你的目标对未来没有任何好处。请你离开！我们不欢迎你，你走吧！消失吧！"对这些人盖棺论定："你毫无价值，没有人欢迎你，再见吧！"当然，当今社会有许多不完美之处，我们一旦发现社会有任何缺陷，就必须改正它，但要注意，在改造的过程中不能损害人类的利益。

明白生命真正意义的人很多，他们知道生命的意义在于关注众人的利益，他们努力培养自己的社会情感。我们发现，几乎所有的宗教都关注人类救赎这一问题。在一切大潮流中，人们总是努力提高社会情感，宗教就是这方面的一大尝试。但是，宗教常常受到误解，除非从社会情感的角度来看，否则人们很难明白宗教对社会的积极作用。

　　其实，通过科学的方法，如个体心理学，也能得出相同的结论，这在人类认知发展中确实是一大进步。所以说，对于生命在社会中的意义这个问题，从任何角度看，都能得到同一个结论，就是生命的意义在于提高社会情感。

第四节
童年经历对人生的影响

从呱呱坠地之日起，我们就开始探索生命的意义了。即使襁褓中的婴儿，也会通过挣扎来评估自己的力量，并试图与周围的力量一争高下。快 6 岁的时候，儿童就形成了一套完整的、牢固的行为模式，已具备处理问题的独特方式。这时他对世界已经有了初步的概念：世界是什么样的，自己是什么样的，自己能从世界中得到什么。此后，他就通过这套固定的感知模式来认识世界。他还没有多少经验就开始理解生命的意义了，他对生命的初步理解为自己的生命定下了基调。

即使这种理解大错特错，由此产生的处理问题方式会给他带来痛苦和不幸，他也不会轻易放弃。要纠正这种对生命意义的错误看法，只能重新认识造成这种错误看法的环境，认识到错误的根源，并修正感知模式。

有时，错误的认识会带来严重的后果，人们会被迫改变对生命意义的理解。但是，如果没有社会压力，或者他认为这样下去并不会有毁灭性后果，那他绝不会改变自己对生命意义的理解。一般来说，修正个人对生命意义的理解，最好的方法是接受心理专家的指导，找到错误认识的根源，并探寻到正确的人生意义。

举个简单的例子，这个例子可以说明儿童会用不同的方式理解所处的环境，相同的挫折会让他们产生截然不同的理解。例如，有的人在童年遭遇不幸后，会尽可能找到摆脱困境的方法，他会想："我一定要改善自己的状况，让我的孩子远离它们。"而另一些人经历类似的不幸后会想："上天真不公平，为什么别人过得那么好？既然世界亏待我，我为什么要善待它？"这就是为什么有的父母会告诉自己的孩子："我们小时候就是这么苦过来的，你为什么一点儿苦都不能吃呢？"

他们的言行可以表现出他们对生命意义的理解，除非改变这一理解，否则他们绝不会改变自己的言行。

这就是个体心理学突破决定论的地方：经历并不会决定成败。我们经历的挫折，也就是创伤，并不会一直困扰我们。一直困扰我们的是心理因素，我们怎样理解生命的意义，就会怎样将打击挫折转变成符合我们理解方式的内心想法。如果我们将特定的经历作为未来生活的参考，内心就很可能会产生错误的想法。处境并不决定生命的意义，我们赋予处境的意义，才会决定自己的命运。

但是，有几种情况很容易让儿童对生命的意义做出错误的理解。大部分失败的人都有过这种童年经历。

第一种情况是童年时身体有缺陷或患病的儿童。这些儿童历经苦难，很难认识到生命的意义就是奉献。他们一直在关注自身，除非有亲人引导他们关注他人。长大一些后，他们会与他人进行比较，发现别人没有任何缺陷后会感到非常难过。进入社会后，他们还会因为别人的疏远、嘲笑或同情而感到深深的自卑。这些处境都会使他们变得孤僻内向，甚至攻击自己，他们会认为整个世界都在羞辱自己，自己对社会毫无用处。

我想我应该是第一个研究器官异常、内分泌异常的儿童的人，这门科学已经取得了长足进展，但发展方向非我所愿。我从开始就在寻找克服困难的方法，而不是在研究失败以后将失败归因于遗传因素或身体条件。身体缺陷并不必然导致一个人采取错误的生活方式，而内分泌异常也不会对两个儿童产生同样的作用。事实上，我们经常可以看到，有些儿童克服了种种障碍，并发展出了特殊才能。

因此，个体心理学绝不会鼓吹优生选择理论。许多为社会做出了巨大贡献的杰出人物，从小就有身体缺陷，或者一直承受病痛的折磨，甚至英年早逝。人类许多伟大的发明，正是由这些人创造出来的。与缺陷的抗争锻炼了他们，让他们变得更为坚忍，奋勇向前。我们不能只通过身体状态来判断一个人的心理发展。但是，很多身体有缺陷或内分泌有障碍的儿童并没有得到正确的引导，他们的困难没有被父母理解，甚至被当成累赘，所以他们变得只关注自己。正因为如此，我们才看到很多失败者都曾是身体有缺陷的儿童。

第二种情况是受到宠溺的儿童。他们认为自己的愿望是金口玉言，无须付出努力，就能受到亲人的呵护，还认为自己理应生来就受到呵护。因此，当他们进入新环境，不再受到别人的关注，自己的感受不再被众人优先关注后，就会感到很失落，认为世界亏待了自己。他们在被人娇惯的过程中只学会了索要，不懂得奉献，更没有学会应对问题的方法。人们一直顺着他们，导致他们难以独立，只关注自己，不知道合作的必要性和好处，一旦遇到困难，他们只会寻求别人的帮助。他们还认为，如果自己能够重新获得别人的重视，让别人承认自己的特殊性，就能获得自己想要的一切，只有这样，自己的处境才会改善。

他们长大后，可能是社会里最危险的一类人。他们有时会假装好意，甚至会装出"惹人喜爱"的样子，从而获得控制他人的机会。但是在日常活动中，一旦要求他们像普通人那样互相合作，他们会表现得很抵触，有的人甚至会公开反抗，他们感觉不到别人的重视和顺从，就会认为自己被出卖了。如果周围的人对他们的生活方式表示不满，他们就会把这当成敌意，以及自己受到不公正待遇的新证据。他们认为整个社会都对自己充满了敌意，所以会报复别人。

这就是惩罚总是无效的原因，惩罚只会加深他们"别人都在针对我"的看法。但是，无论被娇惯的儿童是抵触还是公开反抗，无论是"装可爱"控制别人还是暴力报复别人，实际上都对生命的意义理解错了。我们还会发现，在不同的时间里，这种儿童会采取不同的方式，但目标都是一致的。他们认为生命的意义就是命令别人，做最重要的人，得到自己想要的一切。只要一直如此理解，那么无论他们做什么都会是错误的。

第三种情况是被冷落的儿童。他们也没有学会爱和合作，在理解生命的意义时，并不理解这些善意的力量。他们在遇到生活问题之后会高估遇到的障碍，低估自己可以在别人帮助下解决困难的能力。他们会感觉别人对自己很冷漠，并认为社会一直都是这么冷漠，以前如此，以后也如此。他们尤其意识不到自己可以通过对别人好来获得感情和尊敬。因此，他们既不相信别人，也不相信自己。

的确，任何东西都代替不了公正无私的爱，一个母亲最重要的任务就是让孩子感到她是个"可以信赖的外人"。她必须加深这种信任感，也必须往外延伸，让孩子对周围的一切都产生信赖。赢得孩子的关注、感情和合作是一个母亲的首要任务，如果她没有成功完成这项任务，那孩子就很难发展社会情感和同类情感。

每个人都有关心他人的能力，但父母必须培养他们的这种能力，如果他们没有练习，发展就可能会停滞。一个孩子受到了冷落、厌恶或嫌弃后，他会完全无视合作，自我封闭起来，不与人交流，并且我们根本不知道怎么帮助他与人和睦相处。我们已经看到，这种情况中的个体都会自生自灭。小孩能度过婴儿期，说明他受到了一定的照顾，所以我们不讨论完全被冷落的儿童，只研究那些没有得到足够照顾的儿童，或者只在某些方面受到了冷落而其他方面正常的儿童。总之，受到冷落的儿童无法正常信赖他人。生活中很多失败者都是孤儿或私生子，他们都是被冷落的儿童，如此说来，我们的文明的确很让人难过。

身体缺陷、被娇惯、被冷落最容易让人曲解生命的意义。有这三种经历的儿童都无法独立改变自己对世界的看法，他们必须得到帮助才能理解真正的生命意义。如果我们真心关注他们，对他们的行为感兴趣，并有这方面的研究经验，就能从他们的行为中解读出他们对生命的理解。

第五节
早期记忆的价值

梦和记忆都非常有研究价值，不论是做梦还是在现实中，人格都是一样的。但是在梦中，社会的要求和压力较少，人们此时的防备心理和隐藏欲都很低，人格就会暴露无遗。不过，要了解个人赋予自己和生命的意义，最好还是研究他的记忆。任何记忆，即使是微不足道的记忆，都是非常有价值的，因为只要一个人记住了一件事，就说明这件事值得他记忆。这件事之所以值得他记忆，则与他对生命的看法有关。记忆会对他说"这就是你所期望的生活"或者"这是你必须避免的生活"，也可能是"这就是生活"。特定的经历留存在记忆里，是因为这个人希望用这段经历来明确生命的意义。我们再次强调，经历本身并不重要，重要的是这个人为什么会将之作为参考。其实，每段记忆都是经过筛选的、具有提醒作用的一座碑。

童年期的记忆非常重要，它能表明个人对生命意义的理解存在多长时间，并可以揭示形成他生活态度的最初环境。早期记忆非常重要，原因有两点：第一，早期记忆可以反映一个人对自己和所处环境的最初评估，这是他第一次对外部环境做出的总结，第一次用模糊或清晰的东西来对照自己，是对自己和世界产生的初次印象；第二，这是他主观意识形成的起点，是他为自己撰写的传记开篇。因此，我们常能在一个人的早期记忆里找到他想法的根源，比如，他感觉自己哪方面有不足之处或缺陷，有哪些不安，他认为理想中的自己应具有怎样的力量，受到哪些安全的照顾以及两者之间的差别。从心理学意义上讲，一个人认为的早期记忆就是他能想起的最早的事，他的早期记忆是否真实都无关紧要。记忆的重要性在于它们所代表的东西反映的人们对生命意义的理解，以及这种记忆与未来生活的关联。

下面看几个早期记忆的例子，看看它们所体现的生命意义。

"咖啡壶从桌子上掉下来烫伤了我。这就是生活！"一个女孩儿在写自传时这样开篇，我们可以预料她终身都会伴随一种无助感，她会高估生活里遇到的困难和危险。在她内心，她很可能在指责别人没有照顾好她。这不能怪她，毕竟有人曾经不小心，让一个年幼的孩子暴露在危险的环境中。

另一种早期记忆导致一个男孩儿对世界有可怕的看法："我记得 3 岁时，我从婴儿床上摔下来过。"这个早期记忆让他不断地做同一个梦："世界末日快要到了，我梦到半夜醒来，看到天空被火映得通红，星星都落了下来。地球和另一个星球就要相撞了，但在毁灭之前，我就吓醒了。"这个病人是一名学生，在问他有什么担心的事时，他回答说："我害怕我一辈子都不会成功。"很明显，他的早期记忆和梦境都证明他缺乏勇气，并且都加深了他的恐惧感，让他非常害怕失败和困难。

有个 12 岁的男孩儿，因为尿床并经常顶撞母亲被带到了诊所。他说起自己的早期记忆："妈妈以为我丢了，冲到街上大喊我的名字，她吓得六神无主，但我一直藏在家里的衣橱里。"我们对这个记忆可以这样猜测：他认为生命的意义就是制造麻烦以获取关注，他会通过欺骗来获取安全感。他可能受到了冷落，但他会愚弄别人。他的尿床症就是一个骗取安全感的好办法，他能以此让人担心他，并获得很大的重视。母亲对他尿床深感紧张、焦虑，更深化了他这样理解生命的意义。

和前面的例子一样，这个男孩儿的早期记忆说明他对世界有这样的看法：外界的生活充满了危险。他认为，只有让别人担心自己，自己才是安全的。他只有用这种方式才能确定，如果自己有需要，别人会来保护他。

一位 35 岁的女士有这样的早期记忆："我 3 岁的时候一个人走进了地窖。黑暗中，我站在台阶上害怕得要命。这时比我大一点的表哥忽然打开门，向我冲过来，我被他吓了一大跳。"

从这个记忆里，可以猜到她可能不习惯和其他小孩一起玩耍，接触异性时尤其不自在。一问才知，她家里果然只有她一个孩子，现在 35 岁了却依然单身。

下面的例子说明这个人有很强的社会情感，并能看到她是如何产生这种社会情感的："我记得妈妈让我推小妹妹的婴儿车。"从这里可以看出，她只有和弱者在一起时才能感到轻松愉快，而且可能很依赖母亲。当家里有了新生儿时，最好让年纪较大的孩子来照顾新生儿，让他们关心家里的新成员，并分担保护新成员的责任。如果他们和父母合作，一起照顾孩子，就不会觉得新成员的来临会削弱自己的重要性。

希望他人陪伴并不代表个人真的关注他人。我们问过一个女孩儿最早记得什么，她回答说："我和姐姐以及另外两个女孩儿一起玩。"从这里我们可以看出这个女孩儿在学习怎样与人相处。但是，她又提到了非常害怕"留下我孤零零一个人"，我们对她又有了新的了解，这说明她缺乏独立感，我们需要探究她缺乏独立感的原因。

我们只要发现并了解一个人赋予生命的意义，就能找到破解他人格之谜的钥匙。有人说"本性难移"，但是，只要找对了钥匙，就能找到改变性格的办法。我们已经认识到，如果没有找到原始错误，任何疗法都不会起作用。而治疗方法只有一种，那就是培养他们学会合作，学会勇敢地面对生活。

第六节
合作的重要性

合作是预防神经症发作的唯一方式，因此，培养和鼓励儿童学会合作极其重要，要让他们与同龄儿童一起玩耍、学习。在此过程中，他们就能找到正确的行为方式。

任何阻碍合作的因素都会导致极其严重的后果。以受到娇惯的儿童为例，他们只关注自己，在学校里也不会关注他人。他们会极认真地学习，认为这样做会讨老师喜欢，他们可能会很听话，只是因为感觉这样对自己有利。在他们长大的过程中，缺乏社会情感的严重后果将会越来越明显。从他们误解生命的意义开始，他们就不再培养自己的责任感和独立感，面对生活中的各种考验和挫折根本束手无策，他们会越来越痛苦。

我们不能将这种错误归咎于他们，只能在他们尝到苦果后帮他们改正错误。如果一个孩子没有学过地理，我们就不能指责他地理考试不及格；同理，如果一个孩子没有学过与人合作，我们也不能指责他在需要合作的工作中表现极差。但是，解决生活中的任何问题，都需要合作能力；应对生活中的任何难题，都必须服从人类社会的规则，以促进人类幸福为目的。个体只有懂得生命的意义在于奉献，才有勇气迎接挑战，并极有可能获得成功。

如果教师、父母和心理学家都能明白儿童在理解生命的意义时会出现哪些错误，并能明白他们没有犯过这些错误，那么我们就可以相信，这些儿童小时候可能缺乏社会情感，但长大后肯定会了解自己的能力，发现生活中的机遇。遇到问题时，他们不会放弃努力，投机取巧，也不会将责任推卸给他人；他们不会要求特殊照顾，也不会因感觉受到了别人侮辱而记仇；他们不会问："活着有什么用？生活能给我什么？"他们只会说："我要独立生活，这是我自己的事，我要和别人一起做好。我能控制自己的行为，如果要做一个全新的自己，我自己就能做到。"

如果人类都能这样面对生活，做既独立又会合作的人，那就没有任何东西能阻碍人类的进步了。

第
二
章

心灵与肉体

第一节
灵与肉的相互作用

到底是心灵支配肉体，还是肉体支配心灵呢？人们一直在争论这个问题。哲学家也在争论这个问题，他们各有主张，分别自称唯心主义者和唯物主义者。这一问题经过了无数次辩论，但始终悬而未决。个体心理学或许能解决这个问题，因为它研究的正是灵与肉的相互作用。对于那些精神或身体急需治疗的人来说，如果疗法有问题，那肯定治不好。我们的理论必须来源于实践，并要接受实践的检验。其实，心灵与肉体是相互作用的，如何证明这一观点是个很大的挑战。

个体心理学几乎消弭了对这一问题的争论，心灵与肉体之间并不是谁支配谁的简单关系。我们认为心灵与肉体都是生命的表现形式，是整体的两个方面，我们提出的两方面相互作用，这在世界上尚属首次。人是活动的生命体，但只发展身体远远不够，因为身体运动必须有一个起支配作用的大脑。植物扎根后固定在某个地方无法移动，所以植物不会有心灵，或至少不拥有我们理解的那种心灵。即使植物能预见未来也毫无用处，就算它能预测到"有人过来了，他就要踩到我了，马上要踩死我了"又有什么用处？反正躲不开。

只有会活动的生命体才能预见未来，并考虑如何行动，所以人们才会猜测自己有心灵或灵魂。

> "你当然有判断力，
>
> 否则你怎么行动？"
>
> ——《哈姆雷特》第三幕第四场

预见未来并决定怎样行动是心灵的首要功能，一旦认识到这一点，我们就能理解心灵是如何支配肉体的：心灵为行为设定目标。只有行为而没有目标是毫无用处的，没有目标的行为如同没有方向的风，乱吹一阵什么效果都没有，所以行为必须要有目标。心灵的作用就是确定行为的方向，它处于控制地位。同时，肉体也会影响心灵，因为做出行为的是肉体。心灵只能在肉体的行动范围内指挥它的行为，这种行为可以是肉体本身具有的行为，也可以是人们学习、训练或借助工具所达成的行为。比如，心灵想让肉体飞到月球上去，就必须找到一种能突破自身限制的技术，否则注定会失败。

人类在行为方面比其他生物发展得更细致，不仅行为方式增多了，如手的复杂行为是其他生物所没有的，我们还能通过行为影响环境。因此不难理解，人类心灵预见未来的能力非常强。人类在地球上不断努力提高自己的整体地位，最能证明这一点。

此外，在人类身上，我们也可以看到类似物理学中的平行四边形定则，人们的行为多种多样，但是总的行为都指向一个固定方向。这个固定方向就是安全感，人们克服生活中的一切困难，就是为了安全地生活在周围的环境中。这一目标要求我们统一协调所有的行为和表现，心灵会为了达到这一目标而不断发展。肉体也是这样，它会尽力统一自己的行为，朝着这早在胚胎中就已存在的目标发展。比如，皮肤破了，身体就会行动起来使伤口愈合，这样我们又得到了一个完整的自己。

但是身体不会独自发展所有的能力，必须得到心灵的帮助。锻炼、训练和普通卫生学的积极作用就证实了这一点。

从生到死，身心共同成长和发展的关系从未中断。相互作用的心灵与肉体是整体不可分割的两个部分，心灵就像马达，可以调动肉体所能发挥的全部潜力，并帮助肉体安全抵达设定的目标。在肉体的行为和表情中，我们都能感知心灵发挥的作用。个人的每个行为都有其意义，眨眼睛、伸舌头等拉扯脸部肌肉的运动，都会产生富含意义的表情，这种意义就是心灵赋予它的。现在我们就能知道，心理学是研究心灵的科学，研究一个人各种表现背后的意义，并找到行为的目的，将其与他人的目的相比较。

要达到安全感这一最终目的，心灵必须不断地将它具体化，必须估算出与它的距离，并找到达到它的方法。当然，心灵很可能会估错，但它肯定会确定当前的目标并付诸行动，否则就不会发生任何行为。如果我挥一下手，那我心中就确定了当前的目标是挥手。也许心灵选择的方向会导致灾难性后果，只是因为这是它认为的最佳选择。所有的错误，都是心灵选择行为方向时的错误。安全感是人类共有的最终目的，但有些人搞错了安全感的方向，所以才采取了错误的行为。

如果我们看到一种行为或表现却无法看清它的意义，那最好将其简化为一条指向安全感的直线。如，偷窃行为是将他人的财产据为己有，目标是让自己变得富有，而富有之后就会有安全感，因此，我们就能分析出他偷窃的原因是贫穷和被剥夺感；接下来，我们要了解这个人所处的环境，分析他为什么会有被剥夺感；最后，我们就能明白这个人只是采取了错误的行为，他渴望改变自己的处境并消除被剥夺感，但他没有选择正当途径。我们无法指责他的最终目的，但也许能让他明白，他选错了方式。

人类改造环境之后就会形成文化，它是人的心灵推动肉体产生行为后得到的结果。心灵指导行为，还引导并帮助身体发育。所以我们会得出一个结论，即人类的任何表现都会体现心灵的目的，但我们的意思绝不是说可以高估心灵的价值。要克服生活中的困难，我们还必须有健康的身体。

心灵会引导身体远离危险的环境，远离疾病、死亡的威胁，防止身体因损伤、事故而丧失功能。心灵感到舒适或痛苦，就是为了让身体趋利避害。心灵还会幻想自己在糟糕的环境里或是在优越的环境里会怎样。我们在面对不同环境时会有不同的情绪和心态，也是为了让身体采取某种措施应对。

第二节
情感影响发展

　　幻想和感受都可以让我们预见未来，幻想还会酝酿情绪，让我们的身体做出某种行为。因此，情绪不仅可以反映个人对生命意义的理解，还能反映他当前的目的。情绪可以支配肉体做出行为，但情绪并非完全依赖肉体，它一般和人当前的目的、生活态度有关。

　　很明显，生活态度并不是支配个体的唯一因素，如果没有其他因素刺激，它并不会让人产生心理疾病，只有和情绪共同作用时才会造成严重的后果。个体心理学的新观点认为，情绪和生活态度不会截然相反，人们一旦有了目标，他们的情绪就会反映自己的生活态度。情绪并不是生理学或生物学问题，所以我们不能用化学理论解释它是如何产生的，也不能用化学检验来预测人会出现什么样的情绪。个体心理学当然不否认情绪是一种生理现象，但我们更关注情绪所指向的事物。

　　比如，我们不太关心焦虑与交感神经、副交感神经的关系，只关心引起焦虑的事物和人。基于这点，我们不会说焦虑是对性欲的压抑，或者是由难产引起的后遗症，这些解释都非常离谱。我们认为习惯了母亲的陪伴、帮助和保护的儿童，会把焦虑当作控制母亲的有效手段。我们也不从生理层面来解释愤怒，经验告诉我们，愤怒是控制他人和对处境不满的一种方式。

我们知道，生理现象和心理现象都与遗传物质有关，但我们更关心人们有怎样的表现，这似乎是研究心理学的唯一方式。

在每个人的身上，我们都可以看到，情绪的表现非常符合他当前的目的。人们焦虑或者充满勇气，快乐或者抑郁，都和生活有关，这些情绪的表现和强度都符合我们的预期。一个用悲伤的情绪实现目的的人，绝不会因为实现了目的而感到愉快或满足，他只有在悲伤的时候才会感到幸福。只要稍加注意，我们就能发现，情绪还可以根据需要出现或消失：旷野恐惧症患者在家里不焦虑，控制别人时也不会焦虑；所有神经症患者都会避开感觉自己很渺小的环境，在这种环境里，他们感觉自己并不能征服任何人。

生活态度一旦固定，人们的情绪也就基本固定了。比如，懦夫永远是懦夫，虽然他在弱者面前可能会傲慢自大，受到别人保护时也看似勇敢，他可能会给自己的房门上 3 把锁，用警犬和防盗设备保护自己，再坚称自己非常勇敢。没人能证明他内心很焦虑，但懦弱的性格已经通过行动表现出来了。

性爱方面也有类似的现象。只有个体希望交配时才会有性的情绪。他需要集中注意力，且不能受外界干扰，这样才能激发相应的情绪和功能。有的人不能激发相应的情绪和功能，如阳痿、早泄、性变态和性冷淡等都是不正常的心理造成的。我们在这些案例中总能发现，他们希望被别人关注，而不是关注别人，他们的社会情感极低，缺乏勇气和信心。

> 我有个病人，他在家里排行第二，经常有一种负罪感。他的父亲和哥哥很看重"诚实"，而他犯过一次小错。他在 7 岁那年，告诉老师作业是自己写的，但其实是哥哥帮他写的。他一直将这件事藏在心底，三年后，实在承受不住自己的负罪感，向老师承认了这个错误，老师听了只是笑了笑。他又向父亲承认了错误，父亲认为他很诚实，表扬并安慰了他，但他依然很抑郁。我们其实可以看出来，他为了这点小事责备自己，只是想证明自己人品好，证明自己诚实，优良的家风促使他想在道德方面高人一等。在学习和社会交往方面，他感觉比不上哥哥，所以才会产生这种极端情绪。

后来，他又出现了新问题，染上了手淫的不良习惯，也没有完全戒掉作弊的行为。每次考试前，他的负罪感都会加重，遇到的心理障碍越来越多。因为心理负担比哥哥重得多，所以每次比不上哥哥时，他就会以这个理由为借口，认为自己能力不足是很正常的。大学毕业后，他打算从事技术性工作，但强烈的负罪感让他无法找工作，只能每天祈求上帝的原谅。

后来，他的心理状况愈加严重，被送到了精神病院，诊断结果说他的病很难治好。但不久之后，他竟然痊愈了。他害怕病情会复发，离开医院时请医院为他保留了住院名额。他改换职业，开始学习艺术史，但临近考试的时候，他又犯病了。在一个礼拜日，他跑到教堂，匍匐在众人面前大哭道："我是所有人里最有罪的！"这样，别人又看到了他敏感的内心。

他又在医院里住了一段时间，出院后依然没什么问题。有一天，他光着身子跑去吃午饭，我们可以看出他身材非常好，足以和他哥哥以及任何人媲美。

他通过负罪感让自己表现得比其他人都诚实，这样做可以一直得到优越感。而他为了达到目标经常做出偏激行为，如逃避考试、不找工作，都说明他内心很懦弱且力不从心，他的一切症状都表明他担心失败。跪在教堂里、光着身子去吃饭,都表明他在努力获取优越感,但方式不对。

第一章中说过,6 岁之前孩童的心智趋于统一,而心灵与肉体的关系也在这一时期趋于稳定。这位病人就是在此期间,从周围环境中获得了一些印象,接受了一些观念,然后将它们融合、调整,以适应自己对优越感的追求。他对生命意义的理解、所追求的目标、行事风格、情绪特征,都在这一阶段固定下来。虽然这些特征以后还会改变,但他必须先消除童年时期形成的错误思想。他的言行和思想都与他对生命意义的理解相一致,以前如此,以后也如此。如果能纠正他的错误行为,他对生命意义的理解也就自然而然改变了。

个体用感官感受环境,并形成对环境独特的印象,所以我们可以从个体的言行和思想中,看到他从环境中接收了哪些印象,也可以看到他如何表现这些经历。我们只要观察一下人们看和听的方式,并观察吸引他注意力的都有什么,就能对他有一个深入的了解。人的姿势具有重要价值,它会告诉我们,个体如何发展感官,利用这些感官接收了哪些信息。

现在我们又得到了一个心理学的定义,即心理学是研究个体对其肉体所接收的感官印象的态度的学科。我们开始发现不同心灵存在巨大差异,如果肉体不适应环境,就很难达到环境的要求,心灵的发育也会随之减慢。看看那些身体有缺陷的儿童，他们的智力就发育得较为缓慢，他们的心灵很难影响肉体，让肉体向着最终的目标迈进，如果他们要实现与别人相同的目标，就必须付出更大的努力，要更加集中心智。所以他们会有更大的心理负担，这就让他们变得以自我为中心且自私。如果儿童总是关注自己的身体缺陷，担心自己行动不便，他们的注意力就无法分配给外部事物，没有时间关注他人，导致长大后缺失社会情感，合作能力自然很低。

身体缺陷会带来很多困难，但困难并不意味着人们无法与命运抗争。如果心灵是积极的，就会想方设法克服这些障碍，最终像正常人一样取得成功。事实上，尽管那些身体有缺陷的儿童面临着重重障碍，但与健康的儿童相比他们往往会取得更惊人的成绩。比如，有个孩子眼睛有问题，他会感受到普通人没有的压力，要想看清楚外部事物，就要比普通人更专注。由于看东西很专注，他会看到更细微的地方，能够看到颜色和形状的细微差别。最后，比起那些眼睛没有问题的儿童，他更懂得欣赏世界。因此，只要心灵能找到克服障碍的方式，身体的缺陷就会让人具有优势。

我们知道，很多画家和诗人的视力都有问题，但他们用积极的心灵克服了这些缺陷，比普通人更善于利用自己的眼睛。这种补偿效应在惯用左手的儿童身上也表现得很明显，人们会嘲笑他是左撇子，家人和老师也会教他用右手，但他用不习惯右手，总是写不好字、画不好画、做不好手工。我们等着看吧，如果他有积极的心态，勇于克服困难，他的右手就会掌握更多的技能。事实正是如此，很多惯用手为左手的儿童写字更漂亮、画画更好看、手工制作更加灵巧。他们只要找到合适的技巧，不断练习、训练，就能把不利条件转化成优势。

但是，只有那些愿意奉献的儿童才能成功克服缺陷，发挥优势，因为他们关注的不只是自己。如果只关注自己，就会一直落在后面，也不会有后来的成就。那些成功的人看到的是他们梦寐以求的目标，这些目标比遇到的障碍更加重要，所以才会斗志昂扬地接受挑战。

总的来说，注意力集中的点非常重要。如果人们关注的是身外的目标，自然就会训练、武装自己，努力朝这个目标前进，并在通往成功的道路上扫清障碍。反之，如果只关注自己的缺陷，或总是与缺陷做斗争，那他们就得不到进步。笨拙的右手并不会因为人们希望它灵巧就变得灵巧，躲避那些需要灵活运用右手的场景，更不可能训练出灵活的右手，只有人们想让笨手变得灵巧的欲望比笨拙的失败感更强烈时，那只手才能得到锻炼，从而变得灵活。如果一个孩子想尽力克服困难，那么必须有一个外界目标不断地召唤着他，而且这个目标要让他关注世界、关注他人、注重合作。

我在研究一些患有遗传性肾病的家庭时，发现了患者的遗传病受到控制的情况。这些家庭的小孩都有尿床的症状，他们的身体缺陷是真实存在的，可能表现为肾、膀胱的疾病或脊椎分裂等，腰部皮肤上的一颗痣就可能代表他们有这种疾病。但生理缺陷并不是导致他们尿床的唯一原因，他们并非完全无法控制器官，他们有时能控制这种行为。例如，一些儿童晚上会尿床，但白天绝对不会尿裤子，有时环境发生了改变，或者父母的态度有所改变，尿床的症状也会突然消失。这些儿童尿床或许有其特殊的目的，或许心理有问题，但尿床是肯定能克服的。

由此说来，大多数尿床的儿童没有克服这一习惯，是因为他们的目的让他们一直保持这样的习惯。经验丰富的母亲会施以正确的引导，但如果母亲不懂尿床的原因，儿童就会一直保持这种习惯。那些孩子肾或膀胱有问题的家庭，一般会过度关注排泄问题。儿童注意到父母的过度关注，就会产生抵制心理。这些儿童经常抓住父母的弱点进行反抗。

德国的一位著名社会学家发现，很多罪犯的父母从事的是打击罪犯的职业，如法官、刑警或狱警；而父母是老师的孩子，学习成绩一般都很差。我也经常见到这种例子，我还发现，很多心理医生家的孩子都容易患神经症，牧师家的孩子多数是少年犯。同理，如果父母过度关注尿床问题，孩子就会产生逆反心理，和父母抗争以彰显个性。

在尿床方面还能发现一点，梦境会与我们想做的事相符，并激起相应的情绪。经常尿床的儿童会梦到自己在洗手间里，认为此时可以尿。

尿床一般有几种目的：引起注意、控制家长等，他们不只在白天要吸引别人的注意，晚上也有这样的欲望；与父母对抗，尿床就等于向父母下了战书。不管我们怎么看，尿床明显是一种创意的表达方式，这个孩子不是用嘴表达，而是用膀胱，身体缺陷成为他们表达自己态度的方式。

用这种方式表达的孩子，往往处于某种压力之中。他们一般是失宠的孩子，之前受到的宠爱转移到别人身上。也许是父母又生了一个宝宝，让他们失去了父母的关注。所以，他们尿床，是希望和父母更加亲近，虽然这种方式很令人讨厌。他们尿床其实是在说："我没有你想的那么大，我还需要照顾呢。"

很多孩子都有这种诉求，只是所处的环境不一样，身体缺陷也不一样，所以他们会用各自的方式。比如，有的孩子会哭一整夜，而另一些孩子会梦游、做噩梦、掉下床或总要喝水。用心理学来解释这一切，其实原因都一样。他们选择的方式，一是根据自己的身体条件，二是根据周围的环境。

这些例子都证明了心灵会对肉体产生影响，心灵不仅会影响身体出现某种症状，还可能影响整个身体的发育。关于这一点，倒没有什么直接证据，也不知如何做实证研究。但这很明显，胆怯的孩子可能终其一生都会表现得很胆怯，他不会关注身体素质，甚至不敢想象自己能长得高大健壮，所以他绝不会想到锻炼身体，周围经常能刺激孩子锻炼肌肉的事物，他都视而不见。而那些喜欢锻炼的儿童就比胆怯的儿童具有更好的身体素质。

由此可以得出结论，身体的整个发育过程都会受到心灵的影响，并能反映出心灵的误区或缺陷之处。很多身体问题都是由心理缺陷造成的，这些人没有找到合适的途径来弥补自己的缺陷，所以他们的问题会越来越严重。比如，在四五岁之前，儿童的内分泌腺会受到心理的影响，但腺体的异常并不会直接导致行为障碍，如果儿童只关注环境中的某个方面，或是只接收某一类信息，内分泌腺发育就会异常。

也许另一个例子更能证明心灵对身体的影响。这种情况很常见，只会导致短暂的器质性变化，就是情绪的生理反应。人们的情绪可以体现在表情或身体姿势上，如发抖的双腿、脸色的改变。如果一个人脸色发红或发青，说明血液循环受到影响。愤怒、焦虑、难过等情绪也会通过身体语言表现出来，每个人的身体都有自己的语言。

处于恐怖的环境时，有的人瑟瑟发抖，有的人汗毛竖起，有的人心脏怦怦乱跳，还有的人出汗、咳嗽、声音发哑，或身体缩成一团，少数人还会出现身体失衡、没有胃口或呕吐不已的现象。对于某些人来说，恐惧会影响他们的膀胱，而另一些人则会感到性器官有所反应。例如，很多儿童在考试时会感觉性器官有很大的反应；很多罪犯行凶之后会跑到妓院或情人那里。在科学界，有的心理学家声称性与焦虑有很大的关系，而另一些人则声称两者没有任何关系，这些观点都来自他们的个人经验。

其实，这两种情况都会存在，个体不同，反应就会不同，这或多或少与遗传因素有关。很多生理反应都能为我们提供线索，让我们找到某个家族的缺陷和怪癖。在相同的情况下，家族的成员往往会表现出相同的生理反应。这里只想借此说明一点：心灵会通过情绪影响身体状态。

我们从情绪和相应的身体表现中可以看到，心灵在认为环境有利或有害时，会让身体采取行动、做出反应。比如，一个人突然发怒，说明他想尽快摆脱当前的困境，并认为此时最好的方式就是攻击别人。愤怒的情绪影响到器官后，就会使器官紧张或采取行动。有的人一发怒就会肚子疼或脸红，甚至会头疼。研究引起偏头痛和习惯性头痛的原因时，我们常常会发现患者经常会压抑自己的愤怒或羞辱感。而另一些人一发怒就会引起三叉神经痛或癫痫等。

到目前为止，心灵对身体的影响尚未完全研究清楚，也许我们永远都无法完全了解。心理紧张对自主神经系统和非自主神经系统都会产生影响。人在紧张的时候，自主神经系统就会有所反应，比如，拍桌子、咬嘴唇或撕纸。紧张的人肯定会采取某种行动，咬铅笔头或咬手指都能释放紧张感。这些行为告诉我们，他们感觉自己应付不了当前的处境。有的人见到陌生人会脸红、发抖或抽搐，都是同样的道理。只不过，脸红、发抖或抽搐是非自主神经系统的反应，紧张感通过神经系统传遍全身，所以情绪一产生，全身立刻进入紧张状态。但是，全身各处表现的紧张程度不同，有些部位紧张程度很深，就形成了症状。

如果我们深入观察就会发现，身体的所有部位都能表达情绪，而且身体的反应都是心灵与肉体相互作用的结果。研究心灵与肉体的相互作用非常必要，因为它们是一个整体的两面。

以上论据可以得到这样的结论：个人的情绪特质和生活态度会一直影响其身体的发育。如果儿童的性格特征和生活方式很早就定型了，只要有丰富的经验，就可以预测他未来的身体表现。勇敢的人会在身体方面展现强大的力量，拥有健硕的体格、结实的肌肉、坚定的举止；心态对身体的发育亦产生了很大影响，也许会让肌肉更加健美；他的面部表情也会异于常人，最后他的整个面部都会有所变化，头骨的形状都会与他人不同。

心灵对大脑亦产生了巨大影响。医院里有很多这样的例子：有的人左脑发生病变而丧失了读写能力，但通过训练大脑的其他部分，他们又恢复了读写能力；类似的，有的人脑血管堵塞或破裂导致中风后，受损的部位无法修复，大脑的其他部位就会进行补偿，各个器官的功能仍会恢复。这一点极其重要，若将心理学应用于教育会得到良好的成果。如果心灵能对脑组织产生这种影响，那么大脑只是心灵的工具——很明显，大脑很重要，但它也只是工具而已，那我们就要找到发展并完善它的办法。这样，大脑有缺陷的人不必一生都受到缺陷的影响了，只要有弥补缺陷的方法，他们就能适应生活。

　　如果心灵确立了错误的目标，如拒绝发展合作能力，那它就无法促进脑组织的发育。我们发现很多合作能力较差的儿童，在后来的成长过程中很难开发出高超的智力和理解力，因为成年人的全部举止都会反映出他在四五岁时养成的行为习惯，观察他的行为就能明白他对生命意义的理解，便可以找到他缺乏合作能力的原因，并帮助他纠正错误的思想和行为。在个体心理学中，我们已经朝这方面迈出了一小步。

第三节
心理特征和身体类型

很多学者认为，身心特征之间存在着永久的关系，但好像没有人成功找到两者之间到底是什么关系。恩斯特·克雷奇默 ① 曾说："我们可以通过研究一个人的生理特征来发现他的心理特征。"他把人们分成了几个类型，如圆脸、短鼻、微胖的人，就像恺撒说的那样：

"愿我身边的人都肥胖、脑袋滚圆，愿他们整夜安眠。"

——《恺撒大帝》第一幕第二场

---

① 恩斯特·克雷奇默（Ernst Kretschmer, 1888—1964），德国精神病学家和心理学家，在其著名的《体型和性格》一书中对正常人的体型与心理类型建立了对应关系，阐述他的体格类型理论。

恩斯特·克雷奇默认为这种身体特征会让人具有某种心理特征，但他没有说明为什么两者之间存在这种关系。在我们身边，那种不像是有身体缺陷的人很多，他们的身体和周围环境并没有冲突。在身体方面，他们与别人差不多，对自己的力量充满信心，不会紧张，就算打架，也感觉自己落不了下风。当然，他们没必要把别人当成敌人，也不会将生活看成激流险滩而艰难生存。有个心理学派将这类人分为"外向者"，但没有给出具体原因。我们认为这类人很外向，因为他们的性格确实很开朗。

　　恩斯特·克雷奇默描述了相反性格的人的特征：这类人要么瘦弱得像个孩子，要么高得像根竿子，长鼻子、椭圆脸，他们被认为很内向、很保守，容易患心理障碍，得精神分裂症的可能性很大。他们就像恺撒说的另一种人：

　　"扬·卡修斯又高又瘦，

　　他思虑过多，这种人很危险。"

　　　　　　　　　——《恺撒大帝》第一幕第二场

　　这类人可能有生理缺陷，在成长的过程中会变得越来越内向、悲观，以自我为中心。他们可能希望别人高看自己一眼，如果感觉自己没有受到应有的重视，就会心生怨恨或疑云。

恩斯特·克雷奇默也承认，除了这两种人之外，还有很多人是混合类型的，甚至微胖型的人也会有瘦长型人的心理特点。如果环境给他们造成了压力，让他们变得胆小、多疑，那也很好解释。我们大概也能通过系统性的打击让幼儿产生心理阴影，把他们变成精神分裂症患者。

如果具有大量的经验，我们就能从各种细节表现中看出个人合作能力的高低。人们其实都在下意识地判断对方是什么样的人，为了在嘈杂的环境中站稳脚跟，为了合作的需要，我们会凭直觉观察那些细节行为，而不是采取科学的方法。我们同样可以看到，每次社会大动荡发生之前，人们的心里就已认识到变革势在必行，并会为了变革的目标全力以赴。

为了达到目标，只单纯地依靠本能，如此，错误也就在所难免了。人们很不喜欢身体具有怪异特征的人，会本能地躲避畸形人和毁容者，在潜意识里认为这些人难以合作。当然，这是非常错误的想法，不过他们这么想可能来自经验。到目前为止，我们还没有找到有效的办法来提高身体有缺陷的人的合作能力，这些人的合作能力也就被过分抹杀了。当所有人都这么想时，他们自然成了大众迷信的牺牲品。

现在总结一下个体心理学的观点：在四五岁的时候，儿童就已经统一身心关系，拥有了基本固定的生活态度与方式，并形成了相应的性格和生理习惯。他的身心关系与合作态度有很大的联系，我们了解一个人合作能力的高低，就能了解、评价他。例如，所有失败者的一大共同点就是合作能力低。因此我们还能给心理学下一个定义：心理学就是对合作能力缺失的研究。

既然人格是一个整体，生活态度和方式会影响人的表现，情绪和思维活动就都会与生活态度、方式相一致。如果我们发现一个人的情绪非常不利于他发展而想改变他的情绪，那我们肯定会失败。情绪是人们生活方式的自然流露，只有改变他们的生活方式，才能彻底扭转他们的情绪。

在这里，个体心理学为教育和心理治疗提供了很好的方向，我们绝对不能只治疗症状或情绪，而要看他接收了哪些错误信息，如他对生活经历的记忆、赋予生命的意义、对外界传来的信息做何反应等，这才是心理学的真正研究方向。那些用针扎儿童看他们跳得多高、给他们挠痒看他们有多开心的研究方式根本不叫心理学。这种错误的研究方式现在非常流行，或许用这种方式也能得到一些心理学结论，但是只有研究个体固定而独特的生活方式、态度才是真正的心理学。

生活态度和方式是心理学研究的真正对象，研究其他方面的心理学家，其实是在研究生物学和生理学。研究条件反射或应激反应、童年心理创伤对症状的影响、能力遗传和这些能力如何发展的人，研究的是生物学或生理学。但在个体心理学中，我们研究的是人格，研究的是个人赋予世界和生命的意义、人们的目标和奋斗方向，以及应对生活的方式。目前我们了解个体心理的最佳办法，就是研究他的合作能力。

自卑感与优越感

第一节
自卑的表现

自卑情结是个体心理学最重要的发现，仿佛驰名世界了。很多流派的心理学家都在使用这个术语，并将其运用于自己的研究中。不过，我不能肯定他们真的完全理解这一术语的含义，也不知道他们是否正确地使用了这一术语。例如，告诉病人他有自卑情结，根本没有好处，只会加重他的自卑感，我们必须在他的生活态度中找到他为什么自卑，并在他缺乏勇气的时候鼓励他。

所有的神经症患者都有自卑情结。因为他们有一个共同点，就是在某种情况下觉得自己毫无用处，他们会认为自己做不到某件事，从而为自己设置了心理障碍。即使告诉他"你有自卑情结"，也无法让他变得勇敢，就像是对一个头痛的病人说："我知道你哪有病，你得了头痛病。"

如果问那些神经症患者是否感到自卑，他们会说："没有。"有的甚至会说："正相反，我感觉自己比别人要高一等。"我们不需要问他们，而是应该观察他们的行为，因为行为会显现他们在用什么方式凸显自己的重要性。比如，看到一个傲慢的人，我们就可以猜测他在想："你们总忽视我，我必须让你们瞧瞧，我可厉害着呢。"看到一个人说话时会做出有力的手势，我们就可以猜测他在想："如果我不加有力的手势，我的话就没有力量。"

这些表现得很有优越感的人，都在极力掩盖自己的自卑感。比如，小个子踮着脚走路，其实是担心自己太矮，这样做可以让自己显得高一点。我们在两个孩子比身高时经常能看到这种现象，矮个子的孩子担心自己太矮，就会挺直身子，让自己看上去高一点。如果我们问他："你是不是觉得自己太矮？"一般很难听到他承认。

因此，我们不能得出结论，说那些有很强自卑感的人看起来非常驯服、安静、拘束、不令人讨厌。

自卑感有很多表现形式，下面这个故事也许能说明这一点。

三个孩子第一次去动物园，他们站在狮子笼面前时，有个孩子躲到了母亲身后，说："我要回家。"另外一个没有动，脸色煞白、全身哆嗦地站在原地，说："我一点都不怕。"第三个孩子恶狠狠地瞪着狮子，问道："我能向它吐唾沫吗？"

这三个孩子实际上都感到害怕，只不过每个人的性格不同，也就表现出不同的行为。

第二节
自卑情结

每个人都想提高自己的地位，所以人人都有自卑感，只是程度不同而已。如果我们能坚持自己的勇气，就能以直接、现实、有效的方式来改善处境，摆脱自卑感。没有人能长期承受自卑感，自卑感会让人承受很大的压力，时间长了就会迫使个人采取行动。另外，一个人即使完全失去了勇气，或者他认为努力奋斗也无法改变处境，也无法长期承受自卑感，他还是会想办法摆脱自卑感，只是他采取的办法不当而已。他的最终目标也是"突破自我"，但他不是想办法改善处境，而是"自我催眠"，让自己产生具有优越感的幻觉。这种办法根本没有好处，他的自卑感只会越来越强烈，导致自卑感的处境并没有得到一丝改善。因为根本问题没有解决，所以他采取的任何措施都只是自我欺骗，会让问题变得越来越严重，不断给他带来压力。

只看他的行为，我们可能无法理解，认为他很堕落、缺乏生活的勇气，给我们留下的印象是逃避现实。但是我们要明白，他其实和任何人一样，也想获得优越感，只是放弃了改变处境的希望，这样我们就能理解他的行为了。如果他感觉自己很弱小，就会设想自己很强大。他不是通过训练使自己变强，而是让自己感觉很强。这么做只会欺骗自己，根本不会获得真正的优越感。比如，有的人不能应对工作中的问题，就会在家里非常蛮横，以此让别人感觉自己很强大，把自己变得很重要。但不管他用什么方式欺骗自己，自卑感都会存在，处境也没有改变，反而一直在刺激他产生自卑感，在他的心中形成一股永不磨灭的暗流。这种情况才是真正的自卑情结。

现在可以给自卑情结下个定义了，当个体无法适应或无法应对自身的处境，坚信自己无法解决面前的难题时，就会显现自卑情结。

我们从这个定义可以看出，愤怒、哭泣或道歉都体现了一个人的自卑情结。自卑感给人造成压力，会迫使人采取行动以获取优越感，但有自卑情结的人采取的行动根本不能解决问题。真正的问题被他们搁置在一旁，他们本来是想获取优越感，但是越采取行动，越感到生命没有意义。这样的人会想尽办法约束自己的行为，花尽心思避免失败，而不是设法取得成功。他们给别人的印象就是在困难面前犹豫不决、畏畏缩缩。

那些患有恐惧症的患者就会表现出这种情况。他们会有一种顽固想法："我不能走太远，必须留在熟悉的环境里。外面太复杂、太危险，我必须提高警惕。"如果他们一直有这种想法，他们就会把自己关在家里，甚至窝在床上不下来。

在困难面前，最彻底的退缩方式是自杀。自杀者面对生活中的问题感觉束手无策，认为自己根本没办法卷土重来，只能放弃一切，选择自杀。但如果认识到自杀是一种谴责或报复行为，就能理解自杀也是在获取优越感。看看那些自杀案例，自杀者其实都是在将自己的死归罪于别人，他们似乎在控诉："我是这个世界上最脆弱的人，你竟然这么狠心地对我。"

从某种程度上来说，神经症患者都会限制自己的活动范围，让自己与外界断绝联系。他们为了与自己所要面对的难题保持距离，会将自己局限在能掌控的范围内。这样，他们就给自己修建了一座小屋，关上门过自己的小日子，不经风吹、不受寒暑，任外界花开花落。至于他们采取的态度是蛮横还是懦弱，则要看他们受过的教育。他们会采取自己认为最有效的解决方式，有时如果他们感觉某种方式达不到目的，就会尝试另一种，但无论采取什么方式，他们的目的都相同，那就是不改善处境却想获得优越感。

例如，我们发现很多爱哭的小孩不能如愿以偿时，哭出来就能让别人遂他的心意，但这样他长大后会变得很抑郁。泪水和抱怨是他达到目标的有效武器，但他没有意识到，这种"水的力量"会破坏合作，别人为了顺从他，就会变成他泪水的奴隶。和那些病态、害羞、拘谨、有负罪感的人一样，我们在抑郁症患者身上也能看到自卑情结，他们会认为自己很脆弱，无力照料自己，但他们脆弱的外表下隐藏着超越他人的目标——想不惜一切代价争第一。一个爱吹牛的孩子看起来好像很优越，但只要我们研究他的行为，就能发现他隐藏的自卑感。

所谓的"俄狄浦斯情结"，实际上是神经症患者将自己关在"狭窄小屋"里的一个特例。如果一个人害怕面对现实中的爱情问题，就会患上这种心理疾病。一个人的活动范围仅限于家庭，他就会在家庭范围内表现出自己的性欲，这不算多奇怪。他感觉外面的世界不安全，除了熟悉的人，其他人都会给他带来压力。他习惯控制自己身边的人，而对于其他人，他感觉没有任何办法控制他们。被母亲宠坏了的儿童就有俄狄浦斯情结，这些儿童相信自己的愿望都能成真，他们从不知道自己要努力才能获取别人的好感和爱情。长大后，这些人还习惯于拴在妈妈的围裙上，他们所设想的爱情并不是找一个平等的伴侣，而是找一个婢女，他们最放心、最依赖的婢女就是自己的母亲。我们可以让任一儿童患上俄狄浦斯情结，方法就是让他的母亲宠爱他，不让她关心别人，对他的爸爸要相对冷漠甚至冷酷。

所有的神经症患者都会表现出行为障碍。对于说话结巴的人，我们能从他们的话语中感觉到他们在犹豫。他们的社会情感没有别人强烈，但依然会促使他们与人交往，然而，他们又害怕失败，他们的自卑感与社会情感很矛盾，所以在说话时会迟疑不决。无论是学校里的后进生，还是30多岁还没有工作的人、逃避婚姻的男女、不断重复相同动作的强迫症患者、工作过度疲惫的失眠症患者，都会表现出自卑情结。因为自卑，他们无法进一步解决生活问题。有手淫习惯、早泄、阳痿或性变态的人也同样有自卑情结，他们不会轻易改变错误的生活方式。造成这些问题的原因，是他们在接近异性时感觉自己没有获取对方青睐的能力。如果问他们："为什么会有这种无能感呢？"我们或许能从中看到他们有着高人一等的目标，但他们的回答可能是："我的目标太高了，以我的能力根本完不成。"

我们说过，自卑是很正常的，它能促使人改善自己的处境。例如，人们感到自己无知，需要为未来做好准备时，就促进了科学的发展与进步。科学进步是人类为了提高自己的地位，更好地了解世界并预测未来的生活而产生的后果。在我看来，人类的一切文化都是自卑的成果。想象一下，如果有个外星观察员来访问我们的地球，他见到我们的生活一定会说："这些人类建立了各种组织，努力获取安全感。他们修建房屋来遮风避雨，纺织衣服来保暖，建设纵横交错的公路方便交通……很显然，他们认为自己是这个星球上最弱小的生物。"在某些方面，人类确实是地球上最弱小的生物。我们没有狮子和猩猩那么强大的力量，很多动物都能独立生存、独立应对生活问题。虽然有些动物也会结成群体来弥补自己的弱小，但是比起世界上其他生物，人类更需要多样而有深度的合作。

人类的婴儿极其脆弱，需要多年的保护和照顾。因为每个人都是从最脆弱的阶段成长的，不合作就会受到环境的压迫，所以我们可以理解，如果儿童没有学会合作，那他就会有根深蒂固的自卑情结，并走向悲观。我们还能理解，即使是最富有合作精神的人，生活也会不断向他提出新的挑战。

没有人会感觉自己达到了终极目标，拥有绝对的优越感，能够掌控自己的处境。我们的生命短暂、身体脆弱，而生命的三大问题又让我们的生活不断出现一座座难以攀登的高峰。我们总会取得某项成就，并永远不会满足于现有的成就，新的挑战会随之而来。无论是谁都会一直向着自己的目标前进，但只有懂得合作的人才能做出充满希望、富有成效的努力，为提高人类的整体地位而不断奉献。

谁都无法实现生命的最终目标，我想也没人会为了这个整天忧心。想象一下，如果一个人或整个人类已经达到了没有任何困难的境界，那他或我们的生活一定无聊透顶。在那种情况下，我们可以预料到所有事情，那未来还有什么惊喜呢？我们对未来还有什么可期待的呢？

生活的乐趣主要在于未来的不确定性，如果所有的事都是确定的，我们看到开头就知道结局，那根本不用去探索、奋斗了。到那时，科学也就走到了尽头，茫茫宇宙都成了老掉牙的睡前故事；宗教和艺术本来是让我们发挥想象的理想之境，可到那时也会失去所有意义。生活中坎坷不断，其实是我们的幸运。

但是，神经症患者从一开始就被自卑感深深地笼罩，他们应对生活问题的方式极为肤浅，所以困难对于他们来说就显得难以逾越。正常人面对困难时则会寻找有意义的解决方式，以便克服困难，迎接新的挑战，并且他们会带着积极的社会情感，勇敢、独立地解决自己的问题，不拖别人的后腿，也不需要别人的特殊照顾。

第三节
追求优越感

　　每个人都想达到优越感的目标，但每个人的目标都是不同的，它和人们赋予生命的意义有很大关系。这种目标并不是口头上的宣言，而是深藏于每个人的生活方式之中，宛如人们自己谱写的生命歌曲，从开始一直唱到终止。生活方式并不会直接呈现出每个人的目标，所以我们不好把握。虽然人们的优越感目标极为模糊，但我们可以从人们的行为中寻找蛛丝马迹。了解一个人的生活方式就像欣赏一首诗，诗人虽然用文字表达，但是他想传达的意思绝不停留在文字层面。文字的含义只是冰山一角，其下有更丰富的意义，我们必须从字里行间仔细品味。而生活方式是意味最丰富、最复杂的诗，所以我们也需要透过现象探究其本质。心理学家必须仔细品味，才能发现行为下隐藏的含义。

　　在儿童四五岁的时候，我们就能摸索到他们赋予生命的意义。这并不是用什么数学方式计算出来的，而是不断地在黑暗中摸索，感受那些无法完全理解的情感，不断地捕捉线索，总结经验，然后才得出一些结论。同样，我们也用类似的方式摸索人们优越感的目标，这个目标是人们一生的追求，是一种动态的趋势，不是地图上标定的一个点。没有人能准确描述出自己的优越感目标。也许他有自己的职业规划，但这只是他全部奋斗目标中的一小部分。比如，有人梦想当医生，但医生有很多种，而且医生不只是看病，还有其他目标，所以他可能想成为某一医学领域的专家，也可能是对自己和他人的身体充满了兴趣。因此，我们会看到他训练自己帮助他人，也会看到其限度。他选择这个职业可以弥补自己的某种自卑感，从他的工作或生活表现中，我们就可以猜到他在弥补哪种自卑感。

比如，我们发现，很多医生在儿童时期就目睹过死亡事件，这给他们留下了非常深刻的印象，他们潜意识里认为死亡是最不安全的因素。也许是哪个兄弟姐妹去世了，或者是父母去世了，这种印象会让他们寻找与死亡抗争的方法。

也有人梦想当教师，但我们知道，教师有很多种。如果一名教师的社会情感很低，那他当教师就是为了统治比自己弱小的群体，这就是他的优越感目标。因为和那些没有经验、比自己弱小的人在一起，他会觉得很安全。有高度社会情感的教师会平等地对待学生，真心希望做人类灵魂的工程师。插句题外话，教师之间的能力和兴趣可能完全不同，所以他们有的是海人不倦，有的却是"悔人不倦"。他们的不同表现就显示出他们有着不同的优越感目标，他们一旦明确了自己的目标，就会为了达到目标而不断增强自己的能力。虽然他们当老师的目的不一样，但是总体要求会让他们趋向一致，他们的行为都约束在一定范围内，想要达到优越感目标就要寻找自己的方式。

因此，对任何人来说，我们都不能只看表面现象。个人可能会改变具体目标，如职业，所以我们必须看他的内在人格，看他的总体发展趋势。在任何个体中，这种总体发展趋势都是固定的。就像我们拿一个斜三角形，将它随意旋转，每转一个位置就会看到一个不同的三角形，但仔细看就能发现，它们其实都是同一个三角形。人们的最终目标也是这样，某一方面的具体目标并不能说明最终目标，但我们能从其他行为中总结出人们的最终目标。

我们绝不能对一个人说："你这么做或那么做，就能满足优越感。"人们追求优越感的方式有很多，事实上，一个人越健康、越正常，面对困难时越能找到新的方式满足优越感。只有神经症患者才会死盯着一点，说："我必须得到那个，否则生不如死。"

我们不能轻易断定一个人有怎样的优越感追求，但我们能发现所有人都有一个共同点，就是希望变得像神一样。有时候，我们会看到孩子宣称："我想成为神。"很多哲学家也有这样的想法，还有些教师想把孩子培养得像神一样。在古代宗教中，有些教义也有同样的目标：教徒必须修炼得近乎神明。"超人"的概念就是人们想成为神的一种委婉表达。别人不说，只说尼采，他在发疯后给特林斯堡的信中署名"钉在十字架上的人"，也是表达了这种目标。

精神病患者常会无所顾忌地表达自己的优越感目标，比如，他们会说："我是拿破仑！"或者说："我是皇帝！"他们希望自己成为世界瞩目的焦点，受到万人敬仰，通过遥控世界的每个角落，聆听世间一切谈话。总之，他们希望自己能预知未来，具备超自然的能力。

这种成神的目标也许体现了人们对无所不知、智慧超群、长生不老的向往。不论我们渴望在尘世中获得永生，还是渴望通过转生重返人间，或者渴望在另一个世界获得永远的幸福，都会表现为成神的欲望。在此我不想讨论这种观点是否正确，而是想揭示人们对生命意义的理解。每个人多多少少都会有这种"成为上帝"思想。即使是无神论者，他们也会在潜意识里想征服上帝，想比上帝更高一等。所以说，成神是人们内心最强烈的优越感目标。

人一旦确定了自己的优越感目标，也就确定了自己的生活方式，他的所有行为都会和这一目标有关。为了实现这一目标，他的所有习惯和行为在他看来都很正确。所有问题儿童、神经症患者、酒鬼、罪犯、性变态者，都是为了达到自己的目标，采取了自己认为正确的行动。如果他们是在追求自己心中的理想之境，那他们的行为非常合理。

有位老师问学校里最懒的男孩儿："你为什么不好好学习？"他回答说："只要我是最懒的学生，你们就会一直关注我，不再管那些从不捣蛋、学习又好的学生了。"可见，他的目标是引起老师的注意、控制老师，他的懒就是实现目标的方式。没有任何方式能改掉他的毛病，因为他需要用这种方式来实现目标。所以说，他的行为非常合理，如果他改掉了这种毛病，反而是个傻瓜。

还有个在家里很听话的男孩儿，他看上去有点笨，在学校里是"忧等生"，在家也不机灵。他有个大两岁的哥哥，和他完全不一样，哥哥又聪明又活泼，但有点冒失，总是闯祸。一天，有人听到弟弟对哥哥说："我宁愿像现在这样笨，也不想象你那样惹祸。"我们只要认识到他是在实现自己不惹祸的目标，就能看出他的笨很合理。因为他笨，别人对他的要求就会降低，他犯错后也不会受到太多责骂。所以从他的目标来看，他如果不显得笨才是个真正的笨蛋。

到目前为止，无论是医学还是教育，各种治疗方式都是头痛医头，脚痛医脚。个体心理学完全反对这种方式。对于数学不好，学校评价很差的孩子，如果我们只关注这些，想针对他的弱点强行让他改变，那根本没有效果。也许他想惹老师生气，也许是想让学校开除自己以离开学校，如果我们强行改变他的某种方式，他肯定会找到新的方式来实现目标。

成年神经症患者的情况也是这样。例如，有个人患有偏头痛，很有可能偏头痛对他的目标很有意义。如果他需要逃避生活问题，偏头痛就会适时发作；有的人被迫见陌生人或需要做出决定时，头痛也会发作，就是这个原因。也许头痛还能帮助他控制下属、妻子和其他家人。既然这种方式行之有效，我们怎么可能治好他这种病呢？在他看来，头痛不过是一笔明智的投资，换来了想要的回报。毫无疑问，我们可以夸大他的病情，让他心生恐惧，这样他就不会犯这种病了，就像电击和假手术能治愈战士的创伤后应激障碍。也许药物也能治愈他的病，让他不能再"选择"这种病。但是，只要他的目标不变，即使他放弃了这种病，还是会再找到一种新的病。头痛"治愈"了，他还会患失眠症，或者别的什么病。只要目标不变，他就会不断地追求。

有些神经症患者能迅速摆脱旧症状，然后又患上新症状，他们是"患病高手"，不断变换自己的戏装。让他们看心理治疗的书，他们只会发现还有很多自己没试过的毛病。所以我们必须寻找他们"患病"的目的，分析这种目的与优越感目标有什么关系。

比如我在教室里放一个梯子，爬上去蹲在黑板上沿，此时任何人看到我都会想："阿德勒博士疯了。"没有人会思考梯子的用处，我为什么要爬上去坐在这个不舒服的地方。但如果他们想"他坐到那里，应该是因为个子没别人高，他感到自卑。只有在俯视全班时，他才会感到很安全"，他们就不会认为我疯了，而是明白我在用一种方式实现我的目标。梯子也就成了合理的工具，而我爬上去的行为也就显得很恰当了。

我的疯病只在于一点：对优越感的理解有问题。如果有人能让我认识到自己的目标不对，我就会改变自己的行为。但如果不改变我的目标，只是拿走我的梯子，我还是会换椅子去实现目标。如果连椅子都没有，我还会蹦着爬上去。每个神经症患者都差不多，他们选择的方式都是合理的，我们只需要改变他们的目标。他们的目标改变了，习惯和态度才会跟着改变。他们有了新目标，就会抛弃那些旧习惯，寻找适应新目标的新习惯。

举个例子，有个30岁的女人患有焦虑症，她找我看病，说自己无法和人交朋友，也无法应付工作，所以一直是家里的负担。她有时会做速记员或秘书等工作，但她的雇主总是骚扰她，她非常害怕，所以经常辞掉工作。有一次，她又找了一份工作，然而这个雇主对她没有兴趣，没有骚扰她，她反而觉得受到了侮辱，又辞掉了工作。她已经接受了多年心理治疗，好像是 8 年，但治疗毫无效果，她依然无法与人交朋友，也不能找到工作谋生。

我给她看病的时候，问她童年时的记忆——如果不先了解儿童时期的经历，就无法理解成人的行为。她说她是家里最小的孩子，从小就很漂亮，被家人当作掌上明珠一样疼爱。她的父母当时很有钱，她想要星星，父母都会想办法摘给她。

听完这些，我说："呀，你真像是个公主。"

她回答说："真奇怪，小时候人们都叫我小公主。"

我问她最早能想起什么，她说："我记得 4 岁的时候，我在外面看到许多孩子在玩游戏，他们不时地跳起来大叫'巫婆来了！'我害怕得要命，回家问一个老奶奶是不是真有巫婆，她说：'当然有，不只有巫婆，还有小偷和强盗呢，他们都会抓小孩的。'"

从这里我们可以了解到，她害怕独处，整个生活中都透露出一种恐惧。她觉得自己不够强大，不能离开家，需要得到家里人的照顾、支持。

她还有另一个早期记忆："我有个钢琴老师，是个男的。有一天他想吻我，我立马不弹了，跑去告诉了妈妈。后来我再也不学钢琴了。"

从这里我们了解到，她在和男性保持距离，她的性心理发展出现了问题，这与她保护自己、不谈恋爱的目标非常符合，她可能感觉爱上别人会显得自己很软弱。

这里我必须说明一点，许多人在恋爱时都会感觉自己很脆弱。在一定程度上，这是不可避免的，也是非常合理的。坠入爱河之后，我们必然会变得脆弱，在意另一个人会使人变得更容易受伤。爱情建立在相互依赖的基础上，如果一个人的优越感目标是不能软弱，不能暴露自己脆弱的一面，那么他就会逃避爱情。这些人没有学会恋爱，不知道恋爱需要付出情感。他们一旦感觉要爱上别人了，对方让自己受到了威胁，就会嘲笑、戏弄、欺负对方，这样他们就会感到自己摆脱了脆弱感。

这位女士一想到婚姻、爱情就会有脆弱感，一旦有男性接近她，脆弱感就会很强烈，除了辞职逃避，她没有任何办法。她一直没有学会面对这些问题，而她的父母过世了，这位"公主"的统治也就崩溃了。后来，她找亲戚照顾自己，但她的性格让人无法接受，亲戚也离开了她，她认为自己没有受到必需的照顾，开始责备他们，说他们没有情义，丢下她一个人生活太危险。通过这种方式，她逃避了谋生的义务。

我相信如果她的亲戚彻底抛弃了她，她肯定会发疯。她达到优越感目标的方式是强迫家人照顾她，让她不用考虑生活方面的问题。她内心深处肯定这样想："我不属于这个星球，我是来自外星的公主，这里没人理解我，不知道我有多重要。"再受点儿刺激，她肯定要发疯。但她采取了一个比较好的办法，就是让亲戚照顾她，所以没有彻底走到那一步。

再举个例子，从这个例子中能清楚地看到自卑情结和优越情结。一个16岁的少女被送到我的诊所，她从六七岁就开始偷东西，12岁开始和男人在外面过夜。

她出生的时候，正是父母感情破裂的时候，所以母亲根本不想生下她。她出生之后，一直跟随姥姥生活，姥姥很娇惯她。在她2岁的时候，父母离婚了。母亲一直不喜欢她，长大后，她和母亲的关系也非常紧张。

这个少女来就诊的时候，我很友好地和她交谈。她告诉我："我其实并不喜欢偷东西，也不喜欢跟男人胡搞。我只是想让妈妈知道，她控制不了我。"

我问她："你这么做是为了报复母亲吗？"

她回答说："我想是这样。"

她感觉母亲讨厌自己，便有了自卑情结。而她能想出的让自己充满优越感的方式，只有惹是生非让母亲伤心。儿童有盗窃或其他不良行为，一般都是出于报复心理。

还有一个15岁女孩儿的例子。她失踪了八天，人们找到她后就把她送上了少年法庭。她在法庭上编了个故事，说一个男人绑架了她，把她捆起来关到了一间房子里，这八天她一直被关在那个房子里。没有人相信她，心理医生单独和她谈话，要她说出真相。她见医生不相信她，气得给了医生一耳光。她被送来我这里后，我问她想成为什么样的人，并让她相信，我只是很关心她，想尽自己所能帮助她。我让她给我讲讲她做的梦，她脸上泛出笑容，讲了下面这个梦："我进了一间酒吧，出来的时候碰见了妈妈，不一会儿，爸爸也过来了。我请妈妈把我藏起来，我不想让爸爸看到我。"

一方面，我们可以了解到，她害怕自己的父亲，总是和父亲作对。她的父亲经常打她，她怕挨打就学会了说谎。我们听到小孩说谎，就不难猜到他的家长非常严厉。如果小孩说实话没有被家长打骂的风险，那他为什么要说谎？另一方面，我们可以了解到，她和母亲的关系比较好。现在我们看到了真相，其实是有人引诱她进了一间酒吧，她在里面待了八天。父亲太严厉，所以她害怕说实话会被惩罚，同时，她的行为表现出她想打败父亲。她感受到父亲的约束，只有伤害父亲，她才会有胜利的感觉。

我们怎样才能帮助那些想满足优越感却选错了方向的人呢？只要我们认识到每个人都在追求优越感，就能设身处地地理解他们的行为了。他们只在一点上做错了，那就是他们追求的目标没有任何意义。对优越感的追求是激励每个人前进的动力，是推动人类文化进步的不竭源泉。整个人类的发展轨迹都是从下到上、从负到正、从失败走向成功的。然而，只有那些真正能够应对、掌控生命问题的人，只有那些优越感目标中带有奉献倾向的人，在发展过程中的行为才会有利于他人。

我们只要找到合适的方法对待病人，就会发现他们并不难沟通。人类对价值与成功的评判标准，都是以合作为参考的，这是人类普遍认同的道理。我们判断一个人的行为、理想、目标以及性格特征是否恰当，就是以合作为参考标准的。没有人完全缺乏社会情感，即使是罪犯和神经症患者也有社会情感。他们把自己犯错的责任归咎于他人，或者努力为自己辩白，恰恰说明他们有社会情感，只是他们缺乏让自己的生活变得有意义的勇气。自卑情结让他们有这种想法："我不可能和别人合作。"他们逃避现实问题，为了证明自己很强采取仿佛正确的行动，最后却陷入了虚幻的抗争之中。

人类的劳动分工说明人们有多种优越感目标，这些工作没有一个完美无缺、完全符合人的发展规律，总会有一些瑕疵和让我们抱怨的地方。但是，正是这些不同的工作才共同促进了人类文明的进步，也说明了人各有所长。第一个孩子的优越感目标可能是学好数学，第二个孩子的目标可能是学好艺术，第三个孩子的目标可能是增强体质。消化不良的儿童可能认为自己要解决的是营养问题，他就会关注食物，认为研究这个问题可以改善自己的状况，所以他会成为一位专业厨师或者营养专家。在这些具体目标中，我们可以看到人们会有补偿行为并排除无关的因素。他们遇到了困境，他们的优越感目标就是解决困难，这是补偿行为，而他们不考虑发展其他目标，就是在排除无关因素。所以说，自我培养的过程就是自我限制的过程。我们还需要明白，只要一个人的社会情感没有问题，他的心理就不会有大问题。例如，有的哲学家必须不时地脱离社会才能思考、写作，但他们没有做出危害社会的行为。

第四章

早期记忆

第一节
了解个性的关键

优越感目标是一个人人格形成的关键，我们在个体发展的整个过程中都能找到线索来研究他的目标。认识到这一点，我们就能解读一个人的生活方式了。我们要记住两点：第一，我们可以随时随地进行研究，因为人们的所有表现都和优越感目标相符，都会反映他们的最终目标；第二，我们可以研究的东西非常丰富，一个词语、一个念头、一种感觉、一个手势，都是我们的研究材料，能让我们深入一个人的内心。虽然我们会在看到一种行为时做出错误判断，但是人们的多种行为能纠正我们的看法。我们不能只根据一种行为表现就做出诊断，而要看到这种行为表现在所有行为中的意义，只有在所有行为的表现都指向一个共同点时，我们才能做出诊断。

我们很像考古学家，不断搜寻陶器的碎片、工具的残缺部分、建筑的遗迹、石碑的残块和手稿的残页，然后利用这些残骸推断已经湮灭的某座城市的文明。但我们又和考古学家不一样，我们研究的对象并未消失，而是有生命的个体，他的各种行为都互相关联，能不断呈现出他对生命意义的理解。

理解一个人很不容易，在所有的心理学派别中，个体心理学也许是最难掌握和应用的。我们必须关注来龙去脉，不断地质疑，直到关键的优越感目标呈现出来。我们还需要从细节中搜集线索，比如一个人怎样走进房间，怎样打招呼、握手，怎样微笑、走路。我们很可能因其中的某一点做出误诊，但其他行为会让我们越来越明确一个人的优越感目标。治疗本身就是一种合作，非常考验我们的合作能力。我们只有真正关心病人，才能取得成功。我们必须透过他的眼睛来看，透过他的耳朵来听。他也必须努力回忆、努力配合，这样我们才能增进对他的了解。我们还要寻找他遇到的困难，以及他对待困难的态度。即使我们认为理解他了，他却没有理解自己的行为，也不能证明我们是对的。一个部分正确的事实，绝不是全部事实，这如同盲人摸象，只能说明我们还没有完全分析透彻。

也许正是因为不懂这个道理，其他心理学派才会提出"正移情""负移情"的概念，而个体心理学在治疗的过程中从未出现过这类现象。

放纵一名受到娇惯的病人可以很容易地让他产生好感，但他潜在的控制欲会表现出来。而轻视他、冷落他，又很容易引起他的反抗，他可能会中断治疗，或者在治疗过程中制造麻烦，让我们后悔不迭。不管是放纵还是轻视，都对他没有好处，所以我们需要关心他，让他感到最真实、最温暖的关怀。我们必须与他合作找到他的错误，这是为他好，也是为别人好。带有这种目的，我们就不会高高在上，使他产生"负移情"，引起他的厌恶、憎恨；也不会放纵他、过分照顾他，使他产生"正移情"，以致过分依赖我们。

在所有行为表现中，最能揭示心灵面貌的是早期记忆。这些早期记忆深深地印在人们的脑海里，他们随时都会想到这些记忆，而这些记忆的作用就是提醒他们不能做的事情，以及各种事物对他们的利害关系。任何记忆都不是偶然记住的，一个人的经历如茫茫大海，他不可能对所有事都有印象，他选择记住某件事，无论记忆有多模糊，都必然是他认为这件事和自己有非同小可的关系。

这些被记住的记忆跟随他一生，他会反复想起这些记忆，警告或慰藉自己，约束自己的行为，或者激励自己前行。他会将这些记忆作为前车之鉴，或者经过检验能够找到应对问题的方式。

在日常生活中，我们经常发现，有些记忆能够提高人的情绪。如果一个人遭遇失败，他灰心丧气的时候就会想起以前类似的失败经历，从而使他更加伤心；但一个人如果非常开心、充满勇气，他想起的事就完全不同了，那些愉快的记忆涌上心头，让他变得更加乐观。一个人在兴奋的时候遇到了困难，他就会唤起愉快的记忆来积极应对眼前的障碍。

因此，回忆和梦的作用几乎相似。很多人在做重大决定之前，会梦见自己差点儿没通过考试。他们把这次决定看成一场重大考验，内心极想获得成功。一个人就这样拥有了自己的主要情绪，他的一生都会表现出一种稳定的情绪结构，虽然偶尔波动，但都是暂时的，不久就会被主要情绪驱散。比如，忧郁的人想起美好时光或者成功经历时，就会暂时不再忧郁，但他往往会选择记住不幸的事，反复告诉自己"一生都是不幸的"，所以他很少快乐。

第二节
早期记忆与生活方式、态度

记忆往往会与生活方式、态度相符。如果一个人总是感觉"别人在羞辱我"，那他只会选择记忆那些感到耻辱的事。如果一个人的生活方式、态度发生改变，那他的记忆也会随之发生改变，他可能会记起别的事来，也可能会赋予相同记忆新的意义。

早期记忆特别重要。首先，早期记忆表明了一个人的生活方式、态度是如何形成的。从早期记忆中，我们可以判断一个小孩是受到了娇惯还是被冷落；可以了解他与人合作的程度，以及他喜欢和什么样的人合作；也可以探究他内心有什么过不去的难关，以及他是如何应对的。如果一个儿童视力不好，不断训练自己仔细观察的能力，我们就能从他的早期记忆中发现与视觉有关的东西，他回忆时会说："我看了看四周……"也可能会描述颜色和形状。如果一个孩子有身体缺陷，渴望能走、能跑、能跳，他的早期记忆也会表现出这种渴望。一个人能够回忆起的儿时记忆，肯定和他的主要兴趣密切相关。我们了解一个人的主要兴趣，就能知道他的生活方式、态度和优越感目标。正因为如此，早期记忆才对职业指导有着重要意义。

其次，早期记忆会反映一个人小时候和父母及其他家庭成员之间的关系。

当然记忆可能并不准确，但这并不影响我们判断。这些记忆的价值在于它们体现了一个人的判断，"我从小就是这样的人"或者"我从小就是这样认识世界的"。

在所有记忆中，最有价值的是一个人能回忆起的最早的事，同样有价值的是，他怎样开头诉说这个回忆。最初的记忆能揭示个体对生活的基本态度，我们通过那些最初的记忆，就能看出一个人将什么作为自己发展的起点。我在研究一个人的人格时，总会先问他的最初记忆。

有的人不会回答这个问题，或者不知道哪件事在前，哪件事在后。其实，这些行为本身就说明了很多问题，我们可以推断，他不想讨论自己内心深处的秘密，或者不想合作。一般来说，人们都愿意谈论自己的早期记忆，他们认为那就是一件事，没有意识到它深层的含义。很少有人理解自己的最初记忆，所以大多数人都能毫无隐藏、毫不尴尬地讲述自己的最初记忆，这样我们就能看到他们的目标、人际关系和他们对处境的看法。

早期记忆有个特点，就是简练、浓缩，因此，我们可以做大规模的调查研究。比如，我们让一个班的学生写下自己的最初记忆，只要知道怎样解读，我们就能对每个孩子有一个基本了解，也能大致预测他们的未来发展。

下面举几个例子，来看看怎样解读早期记忆。首先要说明的是，我不认识这些人，连他们是大人还是小孩都不知道，我只有他们的最初记忆。我们从这些早期记忆中解读出的意义，还需要结合每个人的人格来验证。但我们这里只是练习，只需要先提高自己的猜测能力。我们可以先猜测哪些贴近真相，也可以将不同的记忆进行比较。最重要的是，我们能从记忆中看到这个人喜欢合作还是抗拒合作，是勇敢还是懦弱，是想得到照顾还是想独立，是准备奉献还是喜欢索取。

【例一】

"因为我妹妹……"我们必须重视早期记忆中出现的人物。这份早期记忆中出现了妹妹，可以肯定这个人深受妹妹的影响，而且给这个孩子的心理留下了阴影。我们可以初步判断这两个人之间存在竞争关系，这种关系对他的发展造成障碍。如果小孩能够友好地和他人合作，他就会关注他人；如果总是想着竞争，那他肯定会优先考虑自己。不过我们也不能轻率地做出结论，或许两个孩子还是好朋友呢。

"因为我妹妹是家里最小的孩子，她还不到上学的年龄，我要等她到了年龄才能一起去上学。"看到这里，就能发现他们的竞争行为很明显了，"妹妹拖了我的后腿，为什么她比我小，就得让我等着她。她限制了我发展的机会！"如果这个记忆真的对这个孩子影响很大，我们就可以猜测，他认为生活中最大的危险就是有人限制他，妨碍他自由发展。我们还可以猜测，这个孩子应该是个女孩儿，男孩儿一般不会因为妹妹没到上学年龄而被推迟上学。

"所以我们同一天开始上学。"

如果我们是这个姐姐，也不会认为这是最好的安排。家里的这种安排极有可能让她产生这样的想法：因为自己是姐姐，就必须学会让着妹妹。在其他情况下，我们也能看出这个姐姐是这样想的。她认为妹妹受到了宠爱，自己却被冷落。她会把自己受到的冷落归罪于某个人，很可能就是她的妈妈。这样一来，她就会和爸爸更亲一些，努力让自己得到爸爸的疼爱。这种现象很常见。

"我记得很清楚，妈妈在我们刚上学的时候见人就说她很寂寞。她说：'开学第一天下午我一直往门口跑，看看我的孩子们回来了没有，我都感觉她们以后再也不回来了。'"这是对母亲的描述，从这里可以看出母亲的行为有点不理智。"我都感觉她们以后再也不回来了。"这个焦虑的母亲显然很爱她的孩子，且孩子也感觉到了她的爱。如果我们能和这个孩子面对面地谈谈，她一定会说出母亲偏心眼的事。这并不奇怪，因为最小的孩子一般最受宠。

从这个早期记忆中我们可以推断出来，姐姐认为妹妹拖了自己的后腿，我们也可以猜到这个姐姐以后会产生忌妒心理。如果她不喜欢比自己年轻的女人，我们也不会感到很奇怪，很多忌妒心强的女人就很不喜欢年轻女人。

【例二】

"我的早期记忆是我爷爷的葬礼，那年我 3 岁。"一个女孩儿这样开头。这说明她对死亡的印象非常深刻，并将死亡看成生命中最大的威胁。她从小时候的事中明白了"爷爷会死"，我们不难猜到这个女孩儿很受爷爷的宠爱。几乎所有的爷爷奶奶都很宠爱孙辈，他们不像孩子的父母那样有很大的教育责任，并常常希望子孙绕膝。

在我们的社会中，老人很难感觉自己有价值，有时他们就会用简单的方式表达这种想法，比如发牢骚。我们确信，这个爷爷很宠爱这个女孩儿，正因为受到了宠爱，所以这个女孩儿对爷爷的印象很深，他的去世也就给她造成了很大的打击。她会想，自己的一个朋友、一个百般依顺自己的人永远地离开了。

"我记得清清楚楚，他躺在棺材里，身体僵硬，脸上毫无血色。"我不认为让一个 3 岁的孩子看到死者是明智之举，特别是在他们毫无心理准备的时候。很多孩子说过，他们对死者的印象极其强烈，这种印象会一直堵在他们的心口，这个女孩儿就一直没忘。见过死者的孩子会努力对抗死亡的威胁，认为医生更有能力与死亡抗争，所以很多孩子会梦想当医生。如果问一个医生最早的记忆是什么，他们提到的往往是和死亡相关的事。"他躺在棺材里，身体僵硬，脸上毫无血色。"这是一种视觉印象，这个女孩儿可能喜欢观察世界。

"后来到了墓地，棺材被放进墓穴里后，我记得绳子从棺材底下抽了出来。"这里她说的还是视觉记忆，可以佐证我们的猜测，她大概率是视觉型人格。

"这件事让我很害怕，后来只要说起哪个亲戚去了另一个世界，我就怕得要命。"我们又看到了死亡给她留下的阴影。如果有机会和她聊聊，我会问她："你长大后想干什么？"我猜她很可能会说："医生。"如果她不回答或者逃避这个问题，我会问："你不想做个医生或护士吗？"她在表达亲戚去世的时候用的是"去了另一个世界"，可见她并不想直接说人死了，这种行为是一种补偿，可以减轻她对死亡的恐惧。

从这个记忆中我们知道，这个女孩儿的爷爷很宠爱她，而她是视觉型人格，死亡在她心里有着很深的烙印。她从生活中总结出的经验教训是"我们都会死去"，这当然是事实，但并不是所有人都将死亡看作最大的威胁，人们所认为的威胁来自不同的方面。

【例三】

"在我 3 岁时，爸爸……"一个女孩儿回忆的开头就提到了爸爸，这说明她和爸爸的关系更好。孩子开始和爸爸亲密起来一般是第二阶段，第一阶段中孩子和母亲更亲密，因为孩子一两岁的时候和母亲互动更频繁。小孩需要母亲、依恋母亲，他的所有心灵活动都和母亲紧紧相连。如果小孩开始依恋父亲，母亲肯定是失败的。小孩不满意自己的处境，一般是因为有了弟弟妹妹。如果这类回忆中出现了比她更小的孩子，我们就十有八九猜对了。

"爸爸给我们买了两匹小马。"看，孩子确实不止一个，我们很想听听她是怎么描述另一个孩子的。

"他牵着缰绳把马牵到了屋外，比我大 3 岁的姐姐……"到此，我们必须修改我们的判断，我们本来以为这个女孩儿是姐姐，但她其实是妹妹。可能姐姐是妈妈的宝贝，这个女孩儿受到了冷落，所以她提到了爸爸和他送的小马。

"姐姐牵过一根缰绳，扬扬自得地牵着马上了街。"可见，姐姐很有优越感，小孩之间常有较量，姐姐的行为说明她在气势上胜利了。

"我骑着小马紧紧地追她，可是她太快了，我追不上。"这是姐姐先出发的结果。

"我摔下了马，小马拖着我在地上跑。"这个女孩儿可能以为可以赢一局，却没想到结局这么丢人。姐姐胜利了，得了一分。我们可以猜测这个女孩儿所理解的生命意义是"如果我不谨慎，姐姐就会一直赢，我总会被打败，总会摔倒在地。要获得安全感，唯一的方式就是争第一"。我们还能明白，姐姐已经受到了母亲的宠爱，这就是女孩儿开始依恋父亲的原因。

"虽然后来我比姐姐骑得更好，但那次带来的失意感一点都没有减少。"我们的假设现在都已得到证实。我们看到两个孩子之间存在较量，妹妹认为："我总是落后，我要努力超过别人，我必须比别人强。"这是一种很典型的人格，第二个孩子或者幼子就常表现出这种现象。他们前面有个哥哥或姐姐，这个哥哥或姐姐往往是他们的标杆，他们想超越标杆。

这个女孩儿的记忆加强了她的这一想法，她会想："如果有人挡在前面，我就很不安全，我要一直当第一。"

【例四】

"我的早期记忆是姐姐带我去各种派对和社交场合。我出生时，姐姐快 18 岁了。"这个女孩儿能回忆起自己参加社交活动，说明她很早就学会了融入社会，或许这份记忆能让我们知道她拥有比别人更高的合作能力。姐姐比她大 18 岁，对她来说就像妈妈一样，姐姐应该是家里最宠她的人，但这个姐姐用了一种很聪明的方式带她关注别人。

"在我出生前，姐姐是家里唯一的女孩儿，其他四个孩子都是男孩儿。所以在我出生以后，她经常带我到处炫耀。"这看起来和刚刚想的不太一样。如果一个孩子总被人带着四处炫耀，那他会更注重别人对他的赞赏，而不是做出奉献。

"我特别小的时候，姐姐就带我参加各种聚会。在那些聚会上，我只记得姐姐总要我说话，'告诉这位夫人你叫什么名字'，等等。"这是一种错误的教育方式。如果下面看到这个女孩儿口吃或者有语言障碍，我们也不会感到奇怪。小孩口吃一般都是因为别人太注意他讲话了，他不断受到别人的指责、纠正，这给他很大的压力，他就逐渐变得不会轻松与人交谈了。

"我还记得，我经常说不出话来，每次回家都会挨骂，所以我慢慢变得讨厌见人、讨厌社交。"我们要彻底推翻之前的判断了。现在可以看出她的早期记忆代表了什么："我被带出去与人接触，但我感觉这是很不开心的事。有了这些经历，我从此讨厌与人合作、交往。"所以我们可以料定，即使是现在，她也很讨厌与人交往。一般来说，这类人在人多的地方会很局促不安，与人交往时很注意自己的形象，他们希望自己受到欢迎，这反而会给自己很大压力，最后失去了与人轻松、平等相处的能力。

【例五】

"我 4 岁左右，发生了一件大事，我的太奶奶来看我们。"我们知道奶奶非常疼爱孙子，但还没研究过太奶奶会怎样对待小孩子。

"她来了之后，我们准备拍张全家福。"这个女孩儿对自己的家很感兴趣。她能清楚记得太奶奶来看他们，还记得拍照片，所以不难猜测她很爱自己的家庭。如果猜对了，我们还可以发现，她不会仅限于和自己的家庭成员合作，还会和大范围的人合作。

"我记得一清二楚，我们开车去邻镇的照相馆。到了之后，我换了一件绣花的白裙子。"这个女孩儿可能也是视觉型人格。

"在拍全家福之前，我和弟弟先照了张合影。"我们又看到了她对家庭的兴趣。她弟弟也是家庭的一员，下面可能会看到她与弟弟之间的关系。

"他坐在我旁边的扶手椅上，手里拿着一个红彤彤的球。"这又是一个视觉印象。

"我站在椅子边上，手里什么都没拿。"这里的意思很明显，她感觉自己没有弟弟受宠。我们可以猜到，弟弟出生后，抢走了她年龄最小、最受宠爱的地位，她非常不开心。

"大人们叫我们笑一笑。"她这里想表达的意思是"大人让我笑，我怎么笑得出来？他们把弟弟放在中间，还给了他一个红彤彤的球，而我呢？我什么都没有"。

"然后要拍全家福了，所有人都想照得好看点，可我不是，我一点都不想照。"她这种行为是在反抗家庭，因为家人的做法让她很不满意。在这个早期记忆里，她没有忘记家人是怎么对待她的。

"大人们叫弟弟笑，他笑得开心极了。他怎么那么惹人喜欢。直到现在，我都很讨厌照相。"这句回忆能让我们理解为什么大多数人会有别样的生活态度。我们对一件事有了痛苦的印象，就会在以后的生活中建立行为标准，让自己远离类似的事。有的事情之间没有因果关系，但人们会从中得出结论，坚信类似的事会给自己带来痛苦。就像这个孩子一样，她拍全家福的时候很不开心，这让她一直讨厌照相。我们经常发现，一个人如果特别讨厌一件事，就会从以往经历中找出理由来解释自己为什么讨厌它。这个早期记忆给我们提供了两条线索，我们可以看到这个孩子有两种特征：第一，她是视觉型人格；第二，她的社交圈仅限于家庭，这一点很重要。她早期记忆中的所有场景都发生在家庭圈子里，所以我们推断她不太适应社会生活。

【例六】

"我记得一件事，这可能不是最早的记忆，不过也是很早的事了。我 3 岁半左右，一个年轻的女佣把我和表妹带到了地窖里，她让我们尝苹果酒，我们特别喜欢。"发现地窖里的苹果酒是有趣的事，这对孩子来说是一次探险之旅。如果现在就需要得出结论，那我们可以猜到两种情况：一是这个女孩儿可能喜欢冒险，能够勇敢地面对生活；二是她认为老练的人会误导她，让她走入歧途。后面的记忆能帮助我们确定到底是哪一种情况。

"不久以后，我们又想再尝尝，所以我们自己进了地窖。"这是个勇敢的女孩儿，她想独立行动。

"不一会儿，我的脚就发软了，酒桶倒了也没力气扶起来，酒流得到处都是，地窖里变成一片汪洋。"我们从这里可以看到一名禁酒者是怎样诞生的。

"我不知道这件事是不是和我讨厌苹果酒以及所有酒精饮料有关。"又有一件小事又成了一个人生活态度的起因。如果理性地分析一下，我们就能发现这根本不是什么大事，不足以让人形成这样的看法。但这个女孩儿却将这件事当成讨厌酒精饮料的理由，所以我们猜测她是一个敏感的人，喜欢从小事中吸取教训；也有可能她是一个非常独立的人，犯了错就会设法改正，这种性格特点会跟随她一生。她似乎在说："这件事我做错了，但我知道错了就一定要改正。"如果我们猜对了，那么她就是很好的一类人：主动、勇于改善自己的情况、努力追求自己想要的生活。

第三节
行为的根源——早期记忆

在前面这些案例中，我们只是在训练自己的猜测能力。如果想确定我们的结论，还需要看看那个人的其他表现。下面再来看几个例子，我们会发现人格在所有表现中都是统一的。

【例一】

一个35岁的男人来找我看病，他一直患有焦虑症，只要离开家，就会感到紧张。他也找过好几次工作，但一坐到办公室里，就会感到焦虑，甚至哭叫个不停，只有晚上回家和母亲待在一起，这种情况才会消失。

我问他最早的记忆是什么，他说："我记得4岁的时候，我坐在家里的窗户边，看着街上的人们卖力地干活。"他想看别人干活，但只是坐在窗边看别人干活。

他肯定认为自己无法和别人一起工作，要改善他的症状，我们必须让他消除这个成见。他一直认为自己需要由别人养活，我们必须改变他的整个价值观，责备他、让他吃药或激素治疗都无济于事。他的早期记忆有利于我们找到合适的治疗方法，那就是发现他的兴趣所在，他的最大兴趣就是观察。

我们发现他近视较严重，因为这个缺陷，他更加注重观察。在他长大后要步入职业生涯时，他仍然想继续观察别人，而不是亲自工作。不过观察和工作并不完全对立。后来他的病好了，也找到了一份工作，他开了一间艺术品店，这与他的兴趣很符合。这样，他就能按照自己的兴趣为社会做出贡献了。

【例二】

一个 32 岁的男人患有失语症，找我看病的时候只能嗫嚅低语。他说这种情况持续两年了，起因是有一天他踩到香蕉皮滑了一跤，头撞上了一辆出租车的车窗，之后他吐了两天，后来就开始头痛。很显然，他得了脑震荡，但他的喉部器官没有病变，所以脑震荡不足以解释他的失语症。

出了事故之后，他有八个星期完全说不出话来。他把出租车司机告上了法庭，但这个官司很难胜诉。他把意外完全归咎于出租车司机，要求出租车公司赔偿。我们可以理解，如果他因这个事故而残疾，就能在法庭上赢得有利地位。我们不是说他伪装残疾，也不是说他不诚实，但他的失语症的确找不到病因。也许在事故中，他身体某个部位受到了损伤，确实不能说话，但后来也没有找到病因。

这个病人去看过喉科专家，但专家也没有发现病变。我问他有什么早期记忆，他说："我躺在摇篮里，摇篮是挂起来的。我记得自己看见挂钩掉了，摇篮摔了下来，我伤得很重。"没有人喜欢摔倒，但他强调自己摔得很严重，说明他把摔倒的危险看得很重。这就是他的关注点。

"我一摔下来，门就开了，妈妈冲进来，她吓得不轻。"他摔下来之后获得了母亲的关注，但这个记忆也有责备的意思："她没有照看好我。"同样，他认为出租车司机和出租车公司也犯了一样的错误——没有照看好他。这是受到娇惯的儿童典型的生活态度：总想把责任推到别人头上。

他还讲了另一个记忆，也是类似的事故："5 岁的时候，一块木板从 6 米高的地方掉下来砸倒了我，我在五分钟之内完全说不出话。"他很擅长失去语言能力，可以说是训练有素，经常以摔倒为由让自己失去语言能力。我们不会将摔倒作为失语的原因，但他似乎就是这么认为的。他已经习惯这种刺激了，只要一摔倒就会自动失语。只有让他明白摔倒和失语没有关系，才能将他治好。特别是要让他明白，没有必要因为一次事故，两年来一直这样嗫嚅低语。

接下来，他的回忆告诉我们为什么他很难明白其中的关系："妈妈跑了出来，看上去很紧张。"他两次摔倒都吸引了母亲的注意，并把母亲吓坏了。他是个要得到宠爱、关注的小孩。我们能够理解，他想让自己因不幸而得到补偿。受到娇惯的儿童都会具有这样的心理，不过他们基本不会想出失语症这种方式。失语是这个病人的独特方式，是他从自己的经历中培养出来的一种生活习惯。

【例三】

一个26岁的男人来看病，说自己找不到满意的工作。八年前，父亲安排他进了商业行会，但他并不喜欢这个工作，最近辞职了。他也找过别的工作，但是都不符合他的心意。他还说自己经常失眠，常常想自杀。辞掉商业行会的工作后，他离开了家，在另一个城镇里谋了份差事，但家里来信说母亲病了，于是他又回家和家人住在了一起。

根据他的描述，我们猜测母亲很娇惯他，但父亲非常严厉。我们会发现，他一直在反抗父亲的权威。我问他在家里排行第几，他说他是家里最小的孩子，也是唯一的男孩儿。他有两个姐姐，大姐总是对他吆五喝六的，二姐也差不多，父亲总是挑他的毛病。所以他感觉家里人都想压制他，只有母亲是自己的朋友。

他14岁的时候才上学。后来，父亲打算购买一个农场，就送他上了农校，希望他学完能到农场帮忙。他在学校里成绩很好，但并没有回家当农民，学完就在父亲的安排下进了商业行会。他能在商业行会工作八年，也让我很惊奇，但他解释说这是为了母亲着想。

他小时候不爱干净，胆小怕黑，不喜欢独处。只要说哪个孩子不爱干净，我们就能猜到肯定有人替他收拾东西；只要说哪个孩子怕黑、不喜欢独处，我们就能猜到有人很重视他，会安慰他。对于这个人来说，在做这些的人肯定是他的母亲。

他觉得很难与人交心，但和陌生人却能处得来。他从来没有谈过恋爱，对爱情也缺乏热情，更没打算结婚。他认为父母的婚姻很不幸，所以我们可以明白他为什么抗拒婚姻。

父亲逼他回商业行会上班，但他想从事广告业，而且认为家里不会给他钱让他学这行。我们可以看到，他的所有行为都是在反抗父亲。他在商业行会工作时，能够自己赚钱养活自己，但并没有想过用赚的钱去学习。他现在才考虑这件事，很明显是在和父亲对抗。

他的早期记忆反映了一个受到娇惯的孩子对严厉父亲的反抗。他还记得自己在父亲的饭馆里干活时，喜欢洗碟子，喜欢将它们从一张桌子搬到另一张桌子上。一次他玩碟子时被父亲看到了，父亲大为光火，当着客人的面就给了他一个耳光。这个早期记忆说明他将父亲当成了敌人，他这一生都会和父亲对着干。他不想工作的原因就是想伤害父亲，只有伤害了父亲，他才感到满意。

他的自杀想法很容易解释。自杀本身就是一种谴责行为。他肯定在想："这都是爸爸一手造成的。"不满意工作也是在反抗父亲，他反对父亲提出的所有规划。但他又被娇惯坏了，无法独立谋生。他其实并不想工作，更想清闲度日，但他和母亲还有亲情，所以在工作上采取了妥协态度。

那么如何解释他的失眠呢？如果他失眠了，第二天就无法正常工作。父亲逼他去工作，而他总是疲惫不堪，也就反抗了父亲的意愿。当然，他可以直接说："我不想上班，我不想受到压迫。"但他还会考虑母亲，考虑家里的经济条件。如果他拒绝工作，那家里就会认为他彻底没什么用，也不会再养活他了。他必须找个借口，失眠就是很好的理由，所以他患上了这种病。

一开始，他说自己从来不做梦，但后来他想起了一个反反复复在做的梦。他梦到有人朝一面墙上扔球，这个球总是弹开。这个梦看上去很平常，我们是否能从中发现什么呢？

我问他："然后怎么样了？"他说："球一弹开，我就会醒来。"这就揭开了他失眠的面纱。他的梦相当于一个闹钟，他用这个梦叫醒自己。他认为所有人都在逼迫他，自己被逼着做不喜欢做的事。他梦到有人朝墙扔球就会醒来，然后第二天很疲惫，这样他就能逃避工作。如果父亲再逼他去工作，他就能用这种方式击败父亲。如果只考虑他反抗父亲这一点，那不得不承认这一招还是很有效的。但他的症状于人于己都没有好处，我们必须帮助他改变生活态度。

我向他解释了这个梦以后，他就不再做这样的梦了，但他告诉我仍然会醒来。他意识到这个梦具有目的，就没有勇气接着做这个梦了，但他还是觉得自己很疲惫。

我们该怎么做才能帮他呢？或许唯一的办法就是让他和父亲互相谅解。只要他还有惹怒父亲、反抗父亲的意图，就无法彻底解决问题。按照我们的说法，他的生活态度是合理的，但是治疗势在必行。

"你父亲确实做错了，"我说，"他的做法很不明智，他总想对你严加管教。也许是他有病，需要接受治疗。但你无法改变他，这就像是天要下雨，你能怎么办？只能打伞或者坐出租车，你想和雨对抗，想制服它，那是不可能的。现在你就是这样，反抗父亲完全是浪费时间，你以为这样能显示自己的力量，获得胜利，但你比其他人都伤得更重。"

我指出他工作不稳定、有自杀念头、逃避婚姻、失眠都是同一个原因，还让他明白他是在通过惩罚自己来伤害父亲。然后，我给了他一个建议："今晚睡觉前先想象一下，想象你不时地醒来，明天就疲惫得不能上班了，父亲因此勃然大怒。"我想让他面对现实，他的主要目的就是惹怒父亲、伤害父亲。如果不阻止这种反抗，治疗就根本没有效果。他是个被娇惯的人，我们能看到这一点，现在也应该让他自己看到这一点了。

　　这种情况很像"俄狄浦斯情结"，他很想伤害父亲，但是又依恋母亲。他的情况与性无关。母亲娇惯他，父亲严厉要求他，错误的教育方式造就了他错误的人生观。他的问题并不是来自遗传，也不像某些人所说的那样，来自部落的野蛮本能。这种症状完全是他从自己的经验中制造出来的。每个小孩都能制造出这种不健康的人生观，只需让他的母亲娇惯他，让他的父亲严厉要求他。看看那些反抗父亲，又不能独立解决问题的小孩，我们就知道这种情况多么容易产生了。

第五章

梦的秘密

第一节
梦是预言吗

没有人没做过梦，但很少有人理解梦中隐藏的含义，梦确实是很奇怪的一件事。做梦是人类心灵的普遍活动，人们对梦一直很感兴趣，也很想知道各种梦都代表了哪些含义。许多人觉得自己的梦代表了一些预兆，而且梦越诡谲，越感觉不同寻常。我们可以发现，人类很早就注意到梦了，这甚至可以追溯到原始社会。但总的来说，人们现在还不知道梦是一种什么活动，甚至不知道为什么会做梦。据我所知，现在只有两种关于梦的理论比较完善、比较科学，即弗洛伊德的精神分析学派和个体心理学派。两者之中，也许只有个体心理学家有资格说自己的研究符合常识。

以前的解梦理论都很不科学，但它们也值得我们研究。这些解梦理论至少说明了以前的人是怎样认识梦的，以及他们对梦有着怎样的理解。虽然梦是由心灵活动创造出来的，但如果我们看看人们都是怎样解梦的，就能发现他们解梦时都带着一定的目的。

　　人们好像一直认为梦和未来有联系，觉得精灵、神或祖先可以控制人的梦，会入侵自己的心灵、影响心灵，从而使人进入梦境。所以人们认为他们在梦中可以指点自己，让自己走出困境。古代的解梦书记录了梦的含义，还说明了不同的梦都预示着怎样的未来。所有原始民族都会从梦中寻找各种预兆。古希腊人和古埃及人会到神庙求神让自己做一个神圣的梦，以此保佑自己未来的生活。他们认为神圣的梦可以治病，不论是生理疾病还是心理疾病。美洲印第安人用洗礼、禁食、汗浴等方式努力让自己做梦，并根据自己对梦的解释采取相应的行动。在《圣经·旧约》中，梦常常被解释为对未来的预兆。直到今天，还有人坚持认为自己做的梦后来成了事实。他们相信自己在梦中能看到未来，能通过解梦预见未来。

　　从科学的角度看，这些观点都很荒唐。我刚开始研究梦时就很清楚，人在清醒时的看、听、说、理解等能力都很好，而做梦时这些能力都降得很低，既然这些能力都很低，又怎么能测得准未来。人做梦时好像并不比清醒时更理智、更能预测未来，恰恰相反，梦非常混乱，也非常令人费解。但是人们一直认为梦能预示未来，而且并不认为这是荒唐的，这里面肯定有原因。如果我们能恰当地分析，或许能找到一些线索。

　　我们已经知道，人们认为梦能指点自己如何解决问题，所以我们猜测，有些梦是人的心灵在找寻解决现实问题的方法时产生的。这个观点并不说明梦能预示未来，而是说梦是内心思想的反映。此外，我们还需要了解人们想要的解决方法，以及他们希望如何找到这种方法。很明显，梦中得到的方法要比理性分析得到的方法差得多，所以我们说，人们希望在睡觉时能够解决现实中的问题才是做梦，这种说法并不过分。

第二节
弗洛伊德学派的观点

在弗洛伊德学派看来，梦的意义是可以得到科学解析的，这种观点有很重要的意义。但是在许多方面，弗洛伊德学派对梦的解析已经超出了科学的范畴。例如，该学派认为白天与夜晚的心灵活动是有差异的，"有意识"与"无意识"是相互对立的，而且梦被赋予了与日常思维规律完全相反的特殊规律。

我们经常看到这种死板的二分法，且明白这种观点非常不科学。在原始民族和古代哲学家的思想中，我们就经常看到这种情况，他们会简单地将事物对立起来，所以我们能看到很多相反的概念和反义词。神经症患者也具有很强烈的二分法思维，他们会将事物简单地分成对立的两面。人们一般都认为左和右、男和女、冷和热、轻和重、强和弱是相互对立的。可是从科学角度看，它们并不是绝对对立的，同一件事物与其他事物相比较时会有相对的状态，也会在各种状态之间来回切换。同理，好与坏、正常与异常也不是真正的对立，所以某个理论如果把睡与醒、梦中的思维与清醒时的思维对立起来，那它就缺乏科学性。

弗洛伊德学派还有另一个观点存在问题，那就是他们认为性是梦的一个来源。这种观念也将日常思维活动和梦境完全对立起来了，如果这是正确的，那么梦就不能体现整体人格了，而只能体现部分人格。弗洛伊德学派也发现不能只用性来解释梦，因为弗洛伊德又认为梦会体现潜意识里的死亡欲望。也许这种理论在一定程度上是正确的。我们已经说过，人做梦是希望找到解决现实问题的简便方法，所以做梦说明这个人缺乏勇气。但是弗洛伊德的术语太晦涩，令人更不明白梦是如何反映整体人格的，而且这样做也好像将梦与日常活动割裂了。

不过，从弗洛伊德的学说中，我们可以得到很多有趣又有用的观点，比如，这一点就很重要：梦本身并不重要，重要的是梦隐含的欲念。个体心理学也能得到类似的结论。弗洛伊德的精神分析学说缺少一项基本条件，这个基本条件决定了心理学能否作为一门科学，它就是人在清醒时和做梦时都具有统一的人格，个体的所有思想、言行表现为人格统一。

在弗洛伊德解析梦境的几个关键问题中，我们可以发现这样的缺陷：梦的目的是什么？我们为什么会做梦？这个精神分析学家回答："一个人做梦是为了满足自己没有实现的欲望。"但是这个观点并不能解释所有的现象。例如，梦境会消逝不见，人们也会忘记自己的梦，或者不理解自己的梦，那这个梦满足了什么欲望？所有人都会做梦，但没有几个人能理解梦的含义，那我们真的从中得到了欢愉吗？如果梦里的活动和日常活动没有关系，梦境只是满足人们梦里的欲望，那这也许能解释人为什么要做梦了。但这种解释违反了人格的统一性原则，梦在醒来后就没有了任何意义。

从科学角度来说，人在做梦时和醒来时都具有相同的人格，所以梦的意义也应符合人格的连贯性、统一性。确实有一类人会在梦中满足愿望，而且他们的人格具有统一性，这类人就是受到娇惯的孩子。无论是在白天还是在夜晚，他们都会问："我怎么才能满足自己？生活会给我什么？"他们的所有行为都是在满足自己的欲望，所以梦里也会寻求满足。的确，我们仔细看看弗洛伊德的理论就能发现，它研究的就是受到娇惯的孩子的心理，他们认为自己不应该遭到拒绝，还认为有些人对自己很不公平。他们在夜里和白天都会问："我为什么要关心我的邻居，我的邻居爱我吗？"

可见，精神分析学说研究的是受到娇惯的孩子，并详细地描述了他们的所有现象。但是，满足感只是优越感中的一种，我们不能将满足感作为所有人格中最主要的动机。另外，如果我们将满足感作为梦的真正目的，那它就必须能解释梦为什么会被忘记，或者梦为什么难以理解。

第三节
个体心理学派与梦

大约在 25 年前，我开始研究梦的意义时，梦为什么会被忘记、梦为什么费解，是摆在我面前非常棘手的难题。我明白，梦中的活动和醒来时的活动并不冲突，梦必须与日常活动相符。我们白天要实现的优越感目标，到了夜里仍是目标，它并不会变。人们的优越感目标连自己都很难说清楚，而梦境也体现了优越感目标，所以人们难以理解自己的梦。因此，梦肯定是生活态度的产物，它必然与生活有关。

有一件事能帮助我们了解梦的目的。我们睡觉时做梦，但是醒来以后就会忘记梦到了什么，梦好像不留一丝痕迹，是这样吗？真的什么都没有留下吗？当然不是，醒来后我们还会有做梦时的感觉。梦境消失了，我们也忘记梦的内容，可是感觉依然存在。梦的目的肯定在它引起的感觉之中，梦只是引起这些感觉的一种方式，重要的是它所引起的感觉。

一个人产生的感觉与生活态度有关。"日有所思，夜有所梦"，日常的思想和梦里的思想不会有什么冲突，也不会有什么界限。两者之间的差异只在于梦里的思想与清醒时相比更远离现实，但梦境并没有完全脱离现实。我们睡着后仍然和现实保持着若即若离的联系。比如，我们清醒时被难题困扰，睡着后也不会睡得很踏实。我们熟睡时也会协调自己的行为，不让自己从床上掉下来，这就可以说明我们睡着后仍然和现实保持联系。

一个劳累的母亲会在闹市中睡着，身边无论多么喧闹都无法把她吵醒，可是孩子稍微一动就会让她立即醒来。这就说明，我们在睡着后仍然可以感知外界，虽然我们的感官知觉在睡着后减弱了，但并没有完全消失，也就是说，我们和外界的联系只是变少了。

我们都是独自入梦的，在梦里，我们不再受社会要求的严厉逼迫。由于没有压力和约束，我们不会完全按照周围的环境来构建梦境。我们只有在没有压力，并且所有问题都能得到解决时，才能睡得踏实。干扰睡眠的最大因素就是做梦。我们可以这么认为，只有在不知道能否解决现实中的问题，或者没有想到合适的解决方式时，我们才会做梦。做梦的目的就是让我们面对难题，并提供解决方式。

第四节
梦的构成

现在我们来看一看，心灵在梦中是如何解决难题的。在梦中，我们面对的并不是复杂的环境，问题也显得很简单，并且人们在梦中想到的方法不需要考虑能否应用。梦的目的就是表达人们自己的生活态度，并引起与之相符的感觉。为什么生活态度需要用梦来体现呢？有什么在动摇人们的生活态度吗？只有现实和理性会动摇它。因此，梦的目标就是让人们抵制理性和现实的干扰。所以有一个很有意思的现象，如果一个人在面对问题时不想用理性解决，那他就会在梦中激发相关的感觉，让自己坚持原来的想法。

乍一看，这种说法好像是说梦和日常思维相冲突，但其实并不矛盾，我们清醒时也会激发相关的情绪来坚持己见。比如，有的人遇到了难题，但不想用理性方式解决，只想坚持自己的想法，就会想办法辩解，让自己看上去特别对；有的人想发横财，不想工作，不想付出辛劳，不想做出贡献，如此自然会想到赌博。他当然知道很多赌徒输光了家产，但仍然想悠闲度日，仍然想一夜暴富。他会怎么做呢？他满脑子想的都是赢钱后的好处，幻想自己成了暴发户之后会过上好日子，想着买汽车，过奢靡的生活，受到所有人的追捧。他先用这些幻想激发情绪，然后才会采取行动。所以赌博的人都失去了理性。

普通人也有类似的行为。在工作的时候，如果有人说他看了一场特别好看的戏，我们就会受到诱惑，想放下工作跑去戏院看戏。恋爱中的人会幻想未来，如果他非常爱慕对方，就会设想出极其欢愉的未来；如果他感到悲观绝望了，就会想象出灰暗的前景。无论是什么情况，人们都会让自己产生情绪，我们可以根据情绪来判断他是什么类型的人。

很多时候，做梦之后只会留下情绪，其他一切都化为泡影，那梦对理性有什么影响呢？在梦里，理性毫无优势。我们发现，那些喜欢科学推理的人不喜欢被情绪影响，所以他们也不常做梦，甚至就没有梦。而其他并不重视理性的人，常常会有偏激的观点和行为。

合作就需要理性，没有学会合作的人就会讨厌理性，他们做梦也会很频繁。他们很害怕自己的生活态度受到攻击，所以会逃避现实问题。因此，我们可以得出结论，梦就是人们在生活态度和现实问题之间建立的联系，并且人们在梦里不会强迫自己改变生活态度。生活态度会影响梦境，梦能激发情绪，所以我们研究一个人的梦，有助于我们研究他的症状和特征。无论人们是否做梦，他们内心深处其实都很保守，不愿意改变处理问题的方式，而梦就是生活态度的真实反映。

如果这种观点是正确的，那我们在研究梦的道路上便前进了一大步。我们在梦里欺骗自己，每一次做梦都是在自我陶醉、催眠。做梦的目的就是激发相应的心境，让我们按照既定的方式去解决问题。梦中呈现的人格和日常人格完全相符。此外，我们也要明白，在这种心灵工作中，人们制造了第二天所需要的情绪。如果这里的观点没错，那么在梦里，在制造情绪的方式中，我们就能发现自我欺骗。

我们会看到什么呢？我们首先看到的是梦会挑选各种印象、事件、场景。个体回忆过去时，就会挑选某些印象和场景，我们总会发现，人们挑选出的回忆都有个共性，就是只回忆那些能表现优越感目标的事件。人们的最终目标决定了他的回忆。同理，心灵也只会选择那些符合人们生活态度的梦境，特别是在外界逼迫人们改变生活态度时，心灵更会选择那些让自己保持原来想法的梦。在梦中，生活态度会表现出它顽固、蛮横的一面，虽然在现实中解决问题需要理性，但是从梦里就能看出人们是拒绝改变、拒绝理性的。

第五节
梦的案例分析

　　梦是怎样构成的？人类很早以前就注意到了，弗洛伊德也特别强调说，梦境全是比喻和象征。有一位心理学家说过："在梦里，我们都是诗人。"这就带来了一个问题，为什么梦不直接说明自己的想法，而要用诗和比喻呢？因为如果直接说明自己的想法，不用比喻和象征，我们就无法避开理性。比喻和象征可以很荒谬，会同时表达多种意思，也可以同时展现或真或假的情景，而且可以得到完全不合逻辑的结论……

　　比喻和象征可以激起情绪，日常生活中就经常见到这样的事。比如，我们觉得一个人犯错，就会说："别跟个孩子似的。"或者说："哭什么？怎么跟女人一样。"我们在运用比喻时，肯定会带着某种情绪。再比如，一个彪形大汉在生一个矮个子人的气时，就会骂："你跟个虫子似的，只配在地上爬！"这种比喻就很明显地表达了他的愤怒。

　　比喻是一种神奇的修辞，但是它在运用的时候总带有欺骗性。比如，荷马在描写希腊军队时，说他们像雄狮一样纵横战场，这让我们产生了一种极其豪迈的感情。可是，现实中，战场上的士兵会趴在地上，浑身是泥，喘着粗气，他会这样描写吗？不会。他要我们把军队想象成雄狮，我们当然知道他们不是狮子，但是感情却被激发出来了。假如诗人换个描写方式，说将士们浑身是汗、气喘如牛、走走停停，还时刻躲避着危险，他们的甲胄也破损不堪了，诸如此类，我们肯定不会受到那么深的感染。

运用比喻是为了获得美感，让人产生幻想。但是，我们要注意，如果一个人的生活态度有问题，那么象征和比喻对他来说就很危险了。例如，一名学生要考试了，考试是生活中很普通的问题，他只要勇敢、理性地去面对就好。但如果他的生活态度有问题，总想逃避考试，那他就可能会梦到一场战争。简单的考试被梦里的情景夸张化，他就会感到害怕。他也可能会梦到深渊，如果向前就要掉下去。他在梦里用悬崖来比喻考试，从而达到欺骗自己的目的。他在梦里创造这类情景加重自己的情绪，以此逃避考试。

还是以考试来说，我们发现梦中除了比喻、象征，还有其他方式，就是浓缩、提炼、删减，最后只留下现实问题的一小部分，这一小部分又会通过喻体表现出来。例如，一名学生比较勇敢，他希望能通过考试，但他也想获得支持，想不断地给自己鼓劲，这是他的生活态度造成的。在考试前一天晚上，他梦到自己站在绝顶之上。他对考试的态度就被浓缩成了这个场景，他所遇到的问题只简化成了这一小部分。考试对他来说非常重要，但梦里删除了考试的其他方面，只留下成功的景象，这样一来，他就有了相应的亢奋情绪。第二天早上起床后，他感觉精力充沛、心情舒畅，比往日更有勇气了。他成功地简化了需要面对的问题，更加有信心了，但他也欺骗了自己。他没有理性地面对整个问题，只是激发了自信的情绪。

激发情绪是很常见的事。如果一个人想跳过小溪，他会数到三再跳。难道数三下很重要吗？难道只有数三下才能跳过去吗？不是，数数和跳过小溪没有什么关系，数数只是在积聚情绪，他在这个过程中可以集中注意力，将力量集中到腿部。

人们的生活态度早已定型，并且不断地加固、加强，其中最重要的手段就是激发情绪。我们时时刻刻都在激发自己的情绪，但在梦里更为明显。

梦为生活态度和现实问题建立了关系，生活态度本来不应该被加固、加强，它应该直面现实问题。梦虽然多种多样，但总会在一个人面对特殊情况时，让他加强某方面的生活态度。因为梦是生活态度的产物，是一个人对他所遇到的情况形成的独特印象，所以对梦的解释都是因人而异的，我们不能用一般公式来解释所有梦中的比喻和象征。

下面列举几个典型的梦，但我不是在提出解梦的公式，我只是想用这几个例子帮助我们了解梦和它的意义。

很多人都梦到过自己会飞。和其他梦一样，这种梦也是在激发情绪，人们醒来后就会有乐观和勇敢的感觉。这种梦让人从低处向高处走，让人们看到克服困难、达到优越感目标有多简单。我们只要听说有人做这种梦，就可以猜想他是个勇敢的人，他志向远大、雄心勃勃，即使睡着了也怀有抱负。这种梦仿佛在回答这个问题："我是否要继续向前？"回答则是："当然，前面就是坦途。"

几乎人人都做过从高处落下的梦，这个梦非常值得注意，它说明比起达到优越感目标，人们更害怕失败，更注重安全。看看我们的传统教育，就能发现我们一直在警告孩子注意安全。人们总是对孩子们说："别爬上椅子，别动剪子，不要玩火！"孩子们的周围全是想象出来的危险。当然，危险确实存在，但让孩子变成胆小鬼根本不能让他应对危险。

还有人经常梦到自己不能动弹或者没赶上火车，这种梦的意思是："如果不用我上手，问题就解决了，那我该多高兴啊！我必须避开它，我得迟到，我要等车开走，免得面对这些问题。"

有很多人梦见过考试，他们在梦里很惊讶，自己都老大不小了，竟然还会参加考试；或者他们会想："这门课不是早就通过了吗，怎么又考一遍？"对于一些人来说，这种梦的意义是："你还没有准备好怎么应对眼前的问题。"而对于另一些人来说，意义可能是："你以前通过了这样的考试，现在你肯定也会通过眼前的考验。"

每个人梦里的象征意义都不会相同。在解析梦时，我们需要考虑梦所激发的情绪以及梦和生活态度的关系。下面让我们来看几个具体的案例。

【例一】梦见杀人

这个例子可以说明梦是怎样欺骗我们自己的。

在第一次世界大战中，我是一家精神病医院的主治医生，主要救治在战争中出现精神问题的战士。看到战士无法作战，我就会安排他们做一些简单的工作，设法让他们放松。这种方法确实有效，他们的压力常常会得以减轻。

有一天，一个士兵来找我，他是我见过的最高大强壮的人，却表现得很抑郁。我在给他做检查的时候没有检查出什么大问题，当然，我想让他回后方，做医生的都不想让人去送死。如果我写诊断书让上级批准所有病人都回后方，上级肯定不会同意，所以我无法随意施舍慈悲。由于很难判断他的病情，我只能说："你患了精神疾病，但是身体很健康，我安排你做简单的工作吧，这样你就不用上前线了。"

这个士兵可怜巴巴地说:"我家里很穷,父母也很老了,我一直靠教书来养活他们。如果我不能教书赚钱,他们就得挨饿了;如果我不回去养活他们,他们可能就活不下去了。"听完这些话,我更认为应该帮他找个轻松的工作,让他回后方做文职。但我害怕诊断书上真这么写,上级会大发雷霆,并立即命他上前线去。因此,我只能如实填写,说他只适合到防线上工作。

晚上睡觉时,我做了个噩梦。我梦到自己杀了人,在黑漆漆的街上到处跑,但是我想不起我杀的是谁。我深深地感觉到:"我杀人了,我这辈子毁了,我就要被判刑了,一切都完了。"我从梦里惊醒,豆大的汗珠直掉。

醒来后,我就一直想:"我杀了谁?"然后我就想到了那个士兵,我想:"我没能让他回后方做文职,他可能就会被派回前线战死,这样一来,我就真的杀了人。"

你看,我就是这样在梦里激发了自己的情绪,梦境自然是在欺骗自己。我根本没有杀人,即使这个士兵战死了,也不是我的罪过,但我的良心不允许我这么做。我是个医生,我的使命就是救死扶伤,不是让人去送死。我又想到,如果我在诊断书上写他病得很严重,建议他回后方,上级若看出弄虚作假,肯定还会送他上前线,那样就更糟了。所以我还是要帮助他,但只是理性一点,不能在良心的驱使下做出过分的诊断。我在诊断书上写明，他只能到防线上工作。后来的事情证明遵循理性确实是上策。

上级看了我的诊断书，用笔画掉了一行，我想："完了，他要把那个士兵送回前线了，当初不如写上送他回后方做文职呢。"没想到，上级却批道："军事机关文职工作，六个月。"后来，我才知道，上级收了贿赂，早就有意调他回后方了。那个士兵从来没有教过书，他的话都是谎言。他编那个故事只是为了骗我，让我给他安排个文职工作，然后受贿的上级就能顺水推舟了。从那天开始，我觉得不能受梦的影响。

梦都很难懂，因为梦就是用来自我陶醉、欺骗的。如果我们能明白梦的含义，它就不能欺骗我们了，也无法激发我们的情绪，由此，我们肯定会根据理性做出判断，不再受到梦的干扰。如果梦能被人们毫无障碍地理解，它也就失去了意义。

【例二】梦中的租户

一位 32 岁的女士经常找我看病，她患上了神经症。她在家里排行老二，和大多数老二一样，她也很有雄心，总想拔得头筹，希望能毫无瑕疵地解决问题。

她爱上了一个岁数比她大的有妇之夫，这个男人的事业很失败。她想和他结婚，可是这个男人无法离婚。

然后，这位女士做了个梦，在梦中，她要回乡下老家，就把住的公寓租给了一个男人。这个男人搬进公寓不久就结婚了，但他不能养活自己，既不正直又不勤劳。后来，这个男人交不起房租，她只好把他撵了出去。

我们很清楚地看到，这个梦和她现在遇到的问题有很大关系。她在考虑该不该嫁给这个失败的人，这个男人没有经济来源，和他结婚根本不会有什么好处。更让人纠结的是，有一天这个男人请她吃饭，付钱时竟然发现带的钱不够。这个梦就是要激发她抗拒结婚的情绪。她是个有雄心壮志的人，不想被一个穷光蛋绊住。在梦中，她用了一个比喻来问自己："如果他租我的房却交不起房租，对于这样的人，我该怎么办？"答案就是："只能撵他出去。"

但这个男人不是她的租户，他们不能完全画等号。不能养活家庭的丈夫和交不起房租的租户不是同一人，她只是在梦中将这个问题简单化了，这样一来，她就能按照自己的生活态度处理问题了。这个梦也就让她有了这样的感觉："我不能和他结婚。"

她把问题简单化之后，就可以避免用理性解决问题了。在她的梦中，爱情和婚姻都简化成了房东与租户的关系，这个比喻让她得出了不合逻辑的结论："他租了我的房，付不起房租就得走人。"

【例三】抑郁症患者的梦

个体心理学的治疗方法都是提高患者面对问题的勇气，所以不难理解，随着治疗的不断深入，患者的梦会发生变化，他们也越来越自信。

一位抑郁症患者在康复之前做的最后一个梦是这样的："我独自一人坐在长凳上，突然下起了暴雨，我赶紧跑到丈夫的屋子里。幸亏躲得及时，我没有被淋湿。之后，我们一起看报纸，我帮他从报纸的广告里找了份合适的工作。"

这位患者自己也能分析这个梦，它的意思很明显，她希望和丈夫重归于好。她以前非常恨丈夫，曾非常刻薄地说他是个软汉子，没有能力养家糊口，更别提改善生活了。

这个梦的意义是："与其独自面对风险，不如和丈夫一起共同应对。"虽然我们也会认可她的这种看法，但她在和丈夫重归于好、重新面对婚姻的态度之下，仍然掩藏着一种无奈感。在梦中，她独自一人面对的风险过分强烈了，她是被逼无奈才与丈夫和好的，所以她还不知道怎样勇敢、独立地与丈夫合作。

【例四】小淘气包的梦

一个 10 岁的男孩儿被带来就诊，他的老师说他劣迹斑斑。据老师说，这个男孩儿很卑鄙，在学校里偷东西，偷来后放到别人的课桌里，害别人挨骂。其实，只有孩子认为有必要让别人和自己一样低劣时，才会有这种行为。他想羞辱别人，证明他们很卑鄙。如果他真有这种想法，那我们可以猜到，这种想法是他在家庭中形成的，他一定想诬陷家里的某个人。

他现在都 10 岁了，祸却越闯越多，走在街上还会朝孕妇扔石头。10 岁的孩子应该知道怀孕是怎么回事了，所以我们猜测，他可能很不喜欢怀孕。我们不免想到，他家里或许有了更小的孩子，这让他极其不高兴。

在学校的评语中，他被称作"害群之马"，到处招惹同学，说别人的坏话，追赶小女孩儿，甚至动手打她们。现在我们可以猜到，他肯定有了一个妹妹，而且认为妹妹夺走了他应得的东西。

后来，我们了解到，他确实是家里的老大，下面还有个 4 岁的妹妹。不过，据他的母亲说，他很喜欢妹妹，对妹妹也很好。我们不会轻易相信这种说法的，这样的男孩儿肯定在仇视他的妹妹。后面发现，我们的怀疑是有道理的。

他的母亲还说自己和丈夫的关系很和谐，这个淘气包身上的问题肯定与他们无关。显然，母亲认为责任不在父母，这个孩子有这么多坏水全是本性使然，也许是他命里注定的，或者他的哪个祖先就是这样，而他的表现是祖先遗传下来的。我们经常听到很多父母说自己的家庭幸福美满，自己是社会精英，但孩子却糟糕透顶。老师、心理学家、律师和法官都遇见过这种情况。

　　事实上，美满的婚姻在有些孩子看来就是糟糕的事，他们看到妈妈很爱爸爸，就会产生忌妒心理，心里很懊恼。他们想独占母亲的爱，不想看到母亲对别人表达爱意。这样看来，美满的婚姻对孩子的成长都有弊端，那不美满的婚姻就更有害了，那我们该如何是好？

　　我们必须让孩子学会合作，必须把他们带入婚姻关系中，要避免孩子只依恋父母一方。我们现在看到的这个孩子就有可能被娇惯坏了，他想得到母亲的关注，所以在感觉爱意变少了之后就学会了惹是生非。

　　我们很快就找到了证据。这个母亲从来不责罚孩子，而是让丈夫回家后责罚。也许是她心软，她觉得只有男人才能责罚孩子，或者她希望孩子依恋她，害怕孩子排斥她。无论如何，她都把孩子教得不愿靠近父亲，不愿和父亲合作，所以父子之间摩擦不断。

　　我们还听说，父亲很爱自己的家，但因为这个孩子，下班后总是不想回家。父亲常常责罚这个孩子，还常打他。但是孩子没有表现出不喜欢父亲。这个孩子并不傻，所以他学会了隐藏自己的感情。

　　他爱妹妹，但并不和妹妹好好玩，常常打她、踢她。他睡在客厅的沙发上，妹妹睡在父母卧室里的小床上。我们设身处地地站在这个孩子的角度想想，也会很难过，父母卧室里的那张小床一定让他觉得极其讨厌。我们需要通过他的心灵去观察、感受和思考。他想独占母亲的爱，可是妹妹睡觉时和母亲离得那么近，所以他必须想办法把母爱夺回来。

这个孩子很健康，出生时就很顺利，喂养母乳约7个月。后来，他刚开始喝牛奶时就吐了，直到3岁还经常在喝牛奶后呕吐。那时他很可能肠胃功能不好，现在他饮食很正常，营养也很合理，但他仍然关注自己的肠胃，认为肠胃是自己的弱点。

现在，我们对他朝孕妇扔石头的原因又多了一层了解。他很挑食，如果他不想吃家里的饭，母亲就会给他钱让他出去买喜欢吃的东西。但他还是会向邻居们告状，说父母不让他吃饱饭。他已经把这种方法运用得烂熟，在家里、学校，诬陷别人成了他的惯用伎俩。可以看到，诬陷别人是他获得优越感的独特办法。

这些信息有助于我们解析他的一个梦。"我是个西部牛仔，"他说，"有人把我送到了墨西哥，我自己杀出一条血路，并返回美国。路上，有个墨西哥人想挡我的路，我一脚踢到了他的肚子上。"这个梦的意义就是："我已被敌人团团包围，要想胜利，就必须抗争。"在美国，牛仔是英雄的象征，他认为追赶小女孩儿、踢别人肚子就是英雄行为。

我们看到，肚子在他看来有重大意义，被他认为是身体的要害部位。他自己肠胃不好，而且父亲有神经性胃病，总是说肚子难受。在这个家里，肠胃极其受重视，所以这个男孩儿打人时就会打他所认为的要害之处。

他的梦和行为完全反映了他的生活态度。他活在自己的梦里，如果我们不能让他走出梦境，他就会一直这样淘气。他不仅会反抗父亲、打妹妹、追打小女孩儿，还会反抗医生。梦境会刺激他继续扮演英雄，让他按照自己的想法征服别人。除非让他明白他在骗自己，否则治疗根本不会有效果。

我给他解释了梦的意义，他感觉自己生活在满是敌意的环境里，周围都是想阻拦他、惩罚他的墨西哥人，所有人都是敌人。他第二次来看病的时候，我问他："上次回去以后，都发生了什么事？"

"我又做坏事了！"他回答说。

"你做了什么？"

"我追赶一个小女孩儿了。"

这可不是坦白，而是炫耀、进攻。这里是诊所，人们想让他变成好孩子，可他很骄傲地说自己干坏事了。他的潜台词就是："不要想改变我，我会一脚踢到你肚子上。"接下来我们该怎么办呢？他还是不能走出梦境，还在扮演英雄。我们必须消除他在扮演英雄的过程中获得的快感。

我问他："你相信你的英雄会追赶小女孩儿吗？这种英雄行为也太丢人了吧？如果想成为英雄，不是应该去追赶那些高大壮实的女孩儿吗？或者就不应该追赶女孩儿。"这是一种治疗的方式，我们必须让他厌恶自己的行为，让他不想再继续自己一贯的生活方式。就像法国的一句谚语说的那样，我们要"向他的汤里吐痰"，这样他就不想喝自己的汤了。接下来治疗的就是让他学会与人合作，在合作中感受到自己的重要性。除非一个人害怕在追求人生价值的过程中会失败，否则他绝不会过毫无价值的生活。

【例五】女秘书的梦

有一个单身女秘书，年纪刚刚 24 岁，来诊所看病时抱怨老板很不讲理，自己实在是忍无可忍了。她还感觉自己交不到朋友，更无法保持友谊。经验告诉我们，如果一个人无法和他人保持友谊，那么他肯定是想控制别人，这类人只关心自己，只想表现自己的优越感。她的老板大概和她一样，都想控制别人。两个人都是这种类型，凑在一起就很容易出问题。

她家里有 7 个孩子，她是最小的妹妹，全家人都宠她。她的外号叫"汤姆"，因为她想当个男孩儿子。所以我们更有理由相信，她的优越感目标是控制别人。她认为变成男人就相当于变成君王，能统治别人，而不是受人统治。

她拥有令人惊艳的美貌，她认为别人喜欢自己只是因为自己长得好看，所以她很怕脸部受到创伤。在这个时代，漂亮女孩儿总是容易给人留下印象，也容易控制别人，她知道这一点。但她想做男人，想用男人的方式控制别人。这样一来，她又不太为自己的美丽感到开心。

她记得很早以前被男人吓到过，所以她现在还是很怕遇到强盗和疯子。一个想当男人的女孩儿，竟然担心遇到强盗和疯子，听起来有点奇怪，但实际上很合情合理。每个人都有软弱感，她的软弱感让她有了这种担心。她希望自己可以随意控制别人，避免受到其他干扰。强盗和疯子是她无法控制的，所以她不想遇到这些人。这类女人想变成男人，但如果不能成功控制人，就会把女人的软弱感当作理由。她们对自己的女性角色非常不满，在她们的"男性宣言"中，经常会有这样的矛盾："我是个男人，我要与女人所具有的劣势抗争到底。"

再来看看她的梦，能否在她的梦里感受到这样的情绪。她经常梦到自己一个人孤独地生存。她是个被娇惯坏了的孩子，这些梦的意义是："必须有人照顾我，让我孤身一人很不安全，别人会攻击我、欺负我。"她还经常梦到丢钱包，梦的意义是："小心，你有丢失某种东西的危险。"她不愿意丢失任何东西，特别是控制别人的能力，而她用生活中的小事——丢钱包——来象征丢失生活中的所有东西。

这个例子也可以说明梦会通过激发情绪加强生活态度。她并没有丢过钱包，可她总梦见丢钱包，丢东西的情绪就留在了心灵深处。

她还有另一个梦，这个梦更让我们看清了她的生活态度。她描述道："我去游泳池游泳，那里的人特别多。有人发现我站在他们头上，他们好像叫了起来，我很害怕，我怕自己掉下去。"如果我是雕刻家，我就会这样雕刻：她站在众人头上，人群是她脚下的基座。这就是她的生活态度，也是她非常想要的感觉。但她仍感觉自己的地位不稳，而且认为别人也应当看到她有危险。她觉得别人应该用心照顾她，这样才能保证自己一直站在别人头上，她感觉在水里游泳是不安全的，这就是她全部生活的缩影。

她的目标是"要做男人，即使我是女人"，和大部分家里比较小的孩子一样，她也有雄心壮志，但只是想获得表面的优越感，而不是拥有实力。所以她感觉自己的地位很不稳固，时刻都有摔下去的危险。这种对失败的恐惧始终笼罩着她。

如果我们要帮助她，就必须找到合适的方法，让她安于自己的女性角色，帮助她消除恐惧心理和对男性的高估，以平等、友善的态度对待他人。

【例六】13 岁女孩儿的梦

有个女孩儿记得在她 13 岁时，弟弟因事故丧生了。她的早期记忆是："弟弟蹒跚学步的时候，有一次想抓住椅子站起来，但椅子倒了，砸在他身上。"她的梦中也是充满事故，我们可以看出这个女孩儿认为世界充满了危险，她说："我经常做的一个梦特别怪。我走在一条街上，路上有个大坑，我根本看不到这个坑，走着走着就掉了进去。这个坑里面全是水，我一碰到水就会惊醒过来，心脏怦怦地跳着。"

我们不会像她那样认为这个梦很奇怪。如果她一直用这个梦来吓唬自己，就会认为它很怪异、很难理解。这个梦的意义是："小心，真的有很多你看不到的危险。"不过，这个梦向我们传达的信息还有很多。如果一个人原来就在下面，他肯定不会掉下去；如果他有掉下去的危险，那他一定是觉得自己比别人站得高。所以和前面的案例一样，这个梦似乎在说："我站得比别人高，我必须时刻注意，不能掉下去。"

【例七】喜欢合作的女孩儿的梦

下面这个例子让我们看到，早期记忆和梦中会反映同一种生活态度。有个女孩儿说："我小时候很喜欢看别人盖房子。"我们猜想她应该很懂得合作。一个小女孩儿肯定不会和人一起盖房子，但她非常感兴趣，这说明她喜欢分担别人的工作。

"我还不太会走路的时候，站在一扇特别高的窗户旁边，那些窗格我还记忆犹新呢。"她如果能注意到窗户很高，那心里肯定对高矮也有了强烈的印象。她要表达的意思是："窗户很大，而我很小。"当然，她当时身体确实很小，正因为身体小，她才对大小的比较产生印象。她说记得很清楚，实际上有点夸张。

现在来看看她的梦。"我和几个人坐在一辆车上。"这也表明她是个喜欢合作的人，她喜欢和别人在一起。"我们的车开到了一片森林前，停下之后，大家都下车跑进了森林。很多人都比我高。"她又注意到了高矮的对比，"我尽力赶上他们，及时进了电梯。电梯下降到一个大约3米深的矿坑里。矿坑里有毒气，如果我们出不来，就会被毒死。"她的梦中出现了危险情景，很多人都会害怕遇到危险，人类并不是天不怕、地不怕。"但最后我们都出来了，一点事都没有。"可以看出，她非常乐观。喜欢合作的人都具有乐观精神。"我们在那里待了几分钟，又坐电梯上来了，快步冲向了汽车。"我相信这个女孩儿一定很善于合作，而且她希望自己再高一点。我们也可以猜测她有某些小习惯，比如踮脚走路。但她喜欢关注别人，喜欢分享成功的喜悦，这就足够抵消那些缺陷了。

第
六
章

家庭对人的影响

———————⟡◦⟡———————

第一节
母亲是孩子走向社会的第一道桥

从出生那一刻开始，婴儿就在努力和母亲建立联系。他的所有行为都表现着这一目的。在出生后的几个月里，母亲几乎是婴儿生命中唯一重要的角色，婴儿几乎完全依赖母亲。合作能力就是在这种情况下开始发展的。母亲是婴儿接触的第一个人，是他开始关注的第一个人，所以母亲是孩子走向社会的第一道桥。如果婴儿不能和母亲产生联系，或者不能与代替母亲角色的人产生联系，就会夭折。

婴儿与母亲的联系非常紧密，而且影响深远，以至于很难把孩子日后的所有特征都归于遗传。孩子的每个性格特征即使来自遗传，也都会受到母亲的调整、训练、指教和改造。母亲的指教能力会影响孩子的所有方面。所谓指教能力，指的是母亲和孩子合作的能力，以及她赢得孩子合作意愿的能力。这种能力没有固定的规则，不是看几本书、看别人怎么做就能学会的。在养育孩子的过程中每天都会出现新情况，母亲必须用心感受、了解孩子的各种表现。孩子的表现异常复杂、多样，有些表现非常细微，如果不用心体会，很可能导致教育失败。母亲只有密切注意孩子，一心赢得孩子的感情，全心全意保护他，才能提高自己的指教能力。

在母亲的所有行为中，我们能发现她对孩子的态度。抱起孩子，背着孩子，和孩子说话，给孩子洗澡、喂奶，都是母亲和孩子建立联系的机会。如果母亲做这些事时不熟练，或者对孩子不够关心，就会显得笨手笨脚，导致孩子产生抵触情绪。如果母亲不会给孩子洗澡，孩子就认为洗澡是件不开心的事，不想和母亲建立联系，并且要躲开她。孩子睡着后，母亲必须小心地把孩子放到床上，这看起来是小事一桩，但也很讲究技巧，不能发出响动，不能吵醒孩子。母亲还要懂得如何照顾孩子，如何让孩子独处，她必须考虑孩子周围的环境：新鲜的空气、室内的温度、营养、睡眠时间、生理习惯、清洁卫生等。任何情况都是和孩子合作的机会，这决定了孩子是喜欢她还是讨厌她，是选择合作还是拒绝合作。

母亲的指教能力并没有什么特别的秘诀，都是长期兴趣和训练的结果，她们在自己是女孩儿的时候就开始学习怎样做母亲了。家里有更小的孩子时，女孩儿就会表现出母亲的天性，她对婴儿的兴趣会展现出未来她怎样当母亲。

母亲不能对男孩儿和女孩儿采取相同的教育方式，否则会让孩子认为以后要扮演同样的角色。如果母亲的指教能力很强，女孩儿就能学会怎样当好母亲。在母亲的影响下，女孩儿想做母亲，认为做母亲是件伟大的工作，在真的做了母亲后，才不会感到失望。

很不幸，我们的文化将母亲和孩子的关系割裂了，母亲只负责生育，而不负责养育孩子，养育孩子的责任一般都交给了家庭保姆。如果家里再重男轻女，女孩儿自然会讨厌母亲的角色。没有人愿意屈居从属地位。这样的女孩儿结婚后，当面临生育问题时，总会表现出某种抗拒态度。她们不愿意要孩子，或者没有准备好要孩子，不期盼孩子的诞生，也不认为这是极有意义的创造性活动。

这可能是我们社会中最大的问题，但很少有人设法解决它。人类社会与女性对母亲角色的态度有千丝万缕的关系。无论在哪个国家，母亲的地位都是被低估的，她们被认为处于从属地位。我们还发现，很多男孩儿从小把家务活看成仆人做的活，要他们帮忙就好像侮辱了他们的尊严似的。人们往往不会把做家务看成女人出于母性的特殊贡献，而看成她们推不掉的劳役。如果女人真把家务活看成一门艺术，不仅对它感兴趣，还认为能通过这门艺术装饰全家人的生活，那么她就会将家庭打造成世界上最漂亮的作品；如果男人认为家务活是下人做的工作，那么女人就会抗拒做家务，反抗男人，并要证明男女平等，女人有权得到尊重、有权发展自己的潜能。当然，每个人都要先发展出社会情感才能开发自己的潜能。如果女性在发展过程中没有受到限制，社会情感就能将她们引向正确的方向。

女性的地位一旦被低估，婚姻生活的和谐就被破坏了。如果女人认为照顾孩子是下等工作，她就不会正确地发展自己的指教能力，就无法正确地关心、理解、体贴孩子，而这些对孩子最初的成长是极为重要的。对母亲角色不满的女人，她的生命目标就会阻止她和孩子产生联系。她的目标与其他女人不同，不是做好一个母亲，而是将注意力集中在达到优越感目标上，孩子只会让她分心。如果我们探究失败者失败的根源，就会发现他们的母亲没有很好地起到自己应有的作用，她们没有给孩子一个良好的开端。如果所有母亲都不满意自己的母亲角色，对教育孩子没有兴趣，那么人类就面临危险了。

但是，我们不能将错误都推到母亲身上，母亲本身也是受害者。也许母亲就没有学会合作，也许她在婚姻中遇到了坎坷，常常不开心。有的母亲对自己的处境感到焦虑、迷惘，甚至有绝望感、无助感。生活中的很多问题都会妨碍家庭走向幸福。比如，母亲生病了，或者是位职业女性，她想和孩子互动，但是身心疲惫，没有力气完成这一任务。又如，家庭经济情况很糟糕，孩子无法吃饱、穿暖。

另外，孩子的行为表现并不是由他的经历决定的，而是他从自己的经历中得出的结论。研究问题儿童时，我们就能发现，这些儿童与母亲的关系问题非常严重，但是其他儿童也和母亲的关系有问题，只是他们处理得比较正确，没有形成偏见。现在我们又回到个体心理学的基本观点上了，性格的发展没有什么固定原因，只是孩子会在个人经历的基础上形成独特的世界观，并将其解释成自己性格的成因。比如，不能说营养不良的孩子一定会犯罪，我们必须看他从这种经历中得到的结论。

由此看来，如果一个女人不满意自己的母亲角色，她的孩子就会面临困难和无助。但是母性的本能是十分强大的。研究显示，母亲保护孩子的本能比其他本能都要强烈。在动物中，如老鼠和猿，母性本能要比性本能、觅食本能更强。如果母亲被迫只能选择一种本能，她们肯定选择母性本能。

这种本能与性无关，而是来自合作的目标。母亲通常会把孩子看成自己的一部分，她会通过孩子和生活建立联系，感到自己拥有决定生死的力量。在每个母亲身上，我们多多少少会发现一种感觉，她们认为自己通过生育、教育孩子创造了一切。可以说，她们几乎感觉自己像上帝一样，从虚无中创造出了生命。事实上，对母性的渴望是人类追求优越感、追求神圣目标的一个方面。这清楚地说明，母性是一种最深刻的社会情感，可以用来服务人类，为人类谋幸福。

当然，母亲可能会夸大孩子是自己一部分的感觉，这样就能强迫孩子服务于自己母性的优越感目标。她可能会让孩子依赖自己，控制他的生活，让他永远离不开她。举个例子，有个75岁的农妇，她的儿子都50岁了还和她住在一起。两人都得了肺炎，母亲活了下来，儿子被送到医院里却没有救过来。母亲得知儿子的死讯后，说："我一直觉得我没法把这个孩子平平安安地带大。"她觉得自己要为儿子的一生负责，从来没想过要让儿子成为社会中与人平等的一员。现在我们明白了，如果母亲和孩子建立联系后，没有扩展他与社会的联系，没有引导他和其他人平等合作，那么就会导致非常严重的错误。

第二节
被母亲娇惯的孩子

　　母亲不只是有养育孩子的作用，还有其他很多重要的职能，不应该过分注重她和孩子的联系。这既是为了她们自己好，也是为了孩子好。如果过分注重某一方面，其他方面肯定会被忽略。而且，过分重视一个问题，这个问题也不会得到有效解决。母亲不只和孩子有联系，也和丈夫有联系，和周围的环境有联系，这三种联系必须平等对待，母亲必须冷静、理性地面对它们。如果母亲只重视与孩子的联系，就会不可避免地娇惯他，这样的孩子很难发展自立能力和合作能力。

　　母亲与孩子成功建立联系后，就要把孩子的兴趣扩展到父亲身上，但是如果她和丈夫的关系不和谐，这件事就很难实现了。母亲还需要把孩子的兴趣吸引到周围的社会中去，如家里的其他小孩、朋友、亲戚以及所有人。所以母亲的任务是双重的，她要先让孩子信任自己，然后将这份信任扩展，直到孩子接触社会。

如果母亲一心只想让孩子依赖自己，以后孩子就会厌恶让他关注别人的企图。他会永远寻求母亲的支持，并认为其他分享母亲爱意的人都是敌人。只要她对丈夫或其他孩子表示一下关心，他就会感觉自己的爱被剥夺了，他会有这样的想法："妈妈是我一个人的，别人却想抢走她。"

现代很多心理学家都误解了这一情况。就以弗洛伊德提出的俄狄浦斯情结为例，这个理论认为男孩儿都有爱上母亲、想与母亲结婚的倾向，而父亲则是他们憎恨的对象，甚至会有杀死父亲的冲动。如果了解儿童的发展过程，我们就不会有这种错误观点了。只有在那些一心想排除其他人，让母亲只关心自己的小孩身上，我们才能看到俄狄浦斯情结。这种欲望和性无关，而是一种想控制母亲、让母亲顺从自己的欲望。所以俄狄浦斯情结只会出现在被娇惯的孩子身上，让他们感觉其他人都不是同类。而且还会出现极端现象，有些男孩儿只和母亲存在联系，他们就会把母亲当作婚爱问题的唯一对象。但这种现象意味着除了母亲，他们不知道还能和谁产生联系，也不相信别的女人会像母亲那样顺从自己。因此，俄狄浦斯情结一般是教养错误的产物。我们毫无理由认为这是乱伦本能、遗传现象，也不能认为这是性欲的产物。

一个被母亲拴在身边的孩子，一旦进入新环境，不再和母亲存在联系，就会出现问题。比如，有些孩子上学时，或者在公园里和其他孩子一起玩时，还是离不开母亲，他们对母亲离开感到恐慌或者憎恨，总是想把母亲牢牢拴在身上，占有她的思想，让她只关注自己。他们会使用很多种手段，比如，成为母亲的心肝宝贝，性格软弱、多愁善感，以此获得母亲的加倍关怀。碰到生活中的难题，他们会哭泣、生病，以此表明自己还需要人照顾。此外，他们还会发脾气，为了获得母亲的关注，他们会不听话、反抗母亲。在问题儿童当中，我们发现被娇惯坏的儿童有很多种表现，他们使尽各种手段只是为了得到母亲关怀，有一点不顺就会出现情绪问题。

孩子的学习能力很强，总能找到获得母亲关注的方法。被娇惯坏的孩子一般都害怕孤独，特别怕黑。他们并不是真的害怕黑暗，而是发现怕黑能让母亲回到自己身边。

有一个被娇惯坏的孩子，一旦在黑暗中独处就会大哭大闹。一天，母亲听到他哭闹后过来看他，问道："你害怕什么？"

他回答说："我怕黑。"

母亲看破了他的企图，就问："那我来了之后就不黑了吗？"

黑暗本身并不会让人害怕，怕黑只是因为孩子不想和母亲分开。这样的孩子和母亲分开后，就会调动起自己的所有情绪、力量，尖叫、大喊、不睡觉，或者用极端行为，让母亲赶紧回到自己身边。

恐惧一直备受教育家和心理学家关注，但是在个体心理学中，我们不再分析恐惧的原因，而是分析恐惧的目的。所有被娇惯坏的孩子都胆小，他们利用恐惧来获得关注，这样一来，恐惧就深深地融入他们的性格中。所以胆小的人肯定是受到娇惯，并且还想继续受宠的人。

有时，受到娇惯的孩子会做噩梦，并在睡梦里哭出来。这是很常见的现象，但是如果认为清醒与梦境是相互独立的，就无法理解这种现象。梦境与清醒并不对立，而是心灵的两种状态。在梦中，人们的行为方式和清醒时大致相同，他们还有改善环境的目的，这种目的被深深地刻进他们的血液里，多年经验让他们已经学会了怎样达到目的。所以在睡梦中出现的思维、记忆、情景都是为了实现目标。有过几次经历后，被娇惯的儿童就会发现，梦到吓人的事会让母亲关注自己。所以长大后，他们还是经常做噩梦，以前是为了获得关注，后来则成了习惯。

焦虑也是被娇惯儿童的特征，这也是为了获得母亲关注，所以听到被娇惯的儿童有睡眠障碍，我们不会感到奇怪。他们的焦虑表现非常多，令人眼花缭乱。有的孩子总是觉得睡衣不舒服，或者晚上总是口渴；有的孩子担心有小偷或野兽，父母不在附近就睡不着；有的会做噩梦，有的会从床上掉下来，有的还爱尿床。

我治疗过一个被娇惯的孩子，他母亲说他晚上睡得很踏实，从来不做噩梦，也不会半夜醒来，只有白天会出问题。这让我感到非常奇怪，我向这位母亲询问了很多，历数那些孩子为了获得关注所表现出来的症状，结果一个都没有。最后我忽然想到了原因，就问母亲："他睡在哪儿？"母亲说："和我一起睡。"

生病是被娇惯的儿童求之不得的事，因为生病能让他们受到格外的照顾。有些孩子在痊愈后才表现出问题，乍看好像是疾病让他们变成问题儿童的。但事实上，这些孩子在痊愈后，想到了患病时受到的特殊优待，而现在母亲没有那么关心他们了，于是就会制造问题实施报复。有时候，有的孩子注意到，别的孩子生病时会成为母亲的心肝宝贝，所以他也希望得病，甚至亲吻患病儿童，让自己被传染上。

有个女孩儿住过四年医院，得到了医生、护士的尽心照顾。病愈后刚回家的那段日子里，父母也很宠她，但不久之后就慢慢降低了对她的关怀。如果要求不能得到满足，她就会把手指放进嘴里，说："我可是住过院的病人。"她提醒别人自己生过病，还想得到众人的关心。成年人也会有类似的表现，他们常会聊起自己患过的病或做过的手术，这其实也是想让别人关注他们。

但是，还有一种恰好相反的现象，有些孩子大病一场后反而不再制造问题，不用父母操心了。我们说过，身体缺陷对儿童来说是很大的负担，但这不足以造成儿童出现不良的性格特征。所以我们不免要提出设想，身体缺陷的消失是不是会改变人的性格特征呢？

有个男孩儿在家中排行第二，问题很多：说谎、偷窃、逃学、顶撞老师、欺负小孩。他的老师已经毫无办法了，强烈要求送他进感化所。后来他病了，臀部有了结核，打着石膏卧床半年，病好了之后却成了家里最好的孩子。我们无法相信这是疾病对他产生的影响，后来事情清楚了，变化的原因是他在病中认识到了自己以前的错误。他以前一直认为父母偏爱哥哥，自己受到了冷落。患病期间，他发现自己成了家里关注的中心，所有人都在照顾他、关心他。从此，他就放弃了自己被冷落的看法。

第三节
谁能代替母亲

　　有人认为，既然母亲会娇惯孩子，那就不要让母亲照顾孩子了，把孩子交给护士或慈善机构代养不就好了。这种想法太荒唐了。如果要寻找能代替母亲的人，那这个人必须像亲生母亲一样，能够赢得孩子的关注。要教人怎样做个母亲，训练孩子的亲生母亲最容易。在孤儿院长大的孩子常常表现得很冷漠，因为他们缺少了那座通向社会的桥梁。孤儿院里的孩子一般发展很缓慢，因此，有人做了个实验，他们找护士或修女专门照顾某个孩子，或者让某个家庭领养孤儿，这些人都要像亲生母亲一样好好照顾他们。只要养母选得合适，这些孩子都会有很好的发展。所以养育孤儿最好的办法就是为他们找到合适的养母，让他们过上正常的家庭生活。如果我们必须让孩子和父母分开，那也必须找到能完成父母任务的人，而不是把他们送进孤儿院。很多问题儿童都是孤儿、被遗弃的私生子或者婚姻破裂的家庭里的孩子。从这里也能看出母亲对孩子的关怀非常重要。

众所周知，继母非常难做，孩子们经常会反抗她。这个问题并不是完全不能解决，我就见过很多获得孩子认可的继母。一般继母没有做好，是因为她不知道怎么处理这种情况。失去母亲后，孩子就会寻求父亲的关怀，父亲很可能会宠坏他们。有了继母以后，他们认为继母夺走了父亲的爱，所以会攻击继母。只要继母反击，孩子就会受委屈；如果继母向孩子挑事，孩子就会强烈反抗。和继母对抗只会失败，他们感觉继母不喜欢自己，就不可能服服帖帖的，也不会和继母合作。在这种没有硝烟的战斗中，孩子虽然是弱势一方，但永远不会认输。想用对抗的方式逼孩子就范，根本不可能成功。如果我们都明白暴力换不来爱和合作，那这个世界就能少很多冲突和无用的努力了。

第四节
父母关系对孩子的影响

在家庭生活中，父亲的作用和母亲一样重要。起初，父亲和婴儿的关系不像婴儿和母亲那样亲密，他们的关系是在后来才开始逐渐发展。我们说过，如果母亲未能引导孩子对父亲产生兴趣，孩子的社会情感就会发生障碍。在婚姻不美满的家庭中，孩子的发展肯定会面临重重坎坷。有的母亲排斥父亲，就会想方设法完全占有孩子；有的父母会把孩子当成战争中的一颗棋子，都想拉拢孩子，希望孩子爱自己更甚于爱对方。

孩子看到父母感情出现了裂缝，就会有挑拨离间的行为。这样，父母之间的战争就更加硝烟弥漫了，他们更会争抢孩子的支持，孩子就坐看他们谁更宠他。处在这样的家庭氛围中，孩子不可能学会合作。孩子第一次与别人的合作就是和父母进行的，如果父母都不会好好合作，又怎么能希望孩子学会合作呢？

而且，孩子对婚姻和异性合作的看法，最初是从父母的关系中得来的。婚姻不幸的家庭里的孩子不会对婚姻有乐观的看法，除非以后能纠正这种他们在很小的时候就种下的观念。他们长大成人后，会认为婚姻注定是不幸的，或者认为婚姻很难维持。他们会设法避开异性，或者认为自己接触异性也会失败。因此，如果父母的婚姻中欠缺合作，他们的孩子就很难融入社会生活，在进入社会之前不能做好充分的准备。幸福的婚姻应是两人建立愉悦的合作关系，追求共同的利益，为孩子的幸福着想，还要为社会做出贡献，任何一方面存在缺陷都不会塑造出优秀的孩子。

婚姻是一种伴侣关系，双方没有高低之分。关于这一点，我们理解得还不够，应当给予更高的重视。在整个家庭生活中，根本不应当存在权威，如果一个人的地位比其他人高很多，或者更受尊重，那么一定不利于孩子的成长。比如，父亲脾气暴躁，想统治家里的所有成员，儿子就会对男性概念产生错误的想法，女儿受到的创伤则更大。成人后，女儿会认为男人都很蛮横。对她们来说，婚姻意味着屈服和奴役，为了保护自己免受男性伤害，她们会对其他女性产生爱意。

如果母亲非常刁蛮，对其他人颐指气使，情况就会正好相反。女儿很可能会效仿母亲，变得刻薄挑剔；儿子则常常战战兢兢，害怕受到训斥，并极力反抗别人的控制。如果儿子没有兄弟，那除了母亲以外，姐妹们都会压制他。这样的儿子长大后会相当孤僻，不愿融入社会。他认为所有女人都很刻薄、刁钻，内心就有了单身的愿望。

没有人喜欢受到指责，但如果谁将逃避指责时刻放在心上，那么他在社会中的关系就会受到影响。他在看待任何事的时候，都会先想一想："我是征服者，还是被征服者？"他们将人际关系看成一场场战争，也就不会获得友谊了。

第五节
父亲的角色与责任

父亲的任务可以总结为一句话：他必须证明自己是妻子的好伴侣、孩子的好朋友、社会中的优秀成员。他必须正确处理生命中的三大问题，也就是职业、友谊、爱情问题。一个父亲要与妻子平等合作，照顾和保护自己的家庭。他要时刻记住，妻子在家庭生活中的作用没有谁可以取代，他不能贬低妻子的地位。经济方面特别要强调一点，如果父亲的收入是家里的唯一经济来源，那么他绝不能认为自己是在施舍，别人只会索取。在幸福的婚姻中，应该认为父亲负责赚钱养家是劳动分工的结果。很多父亲感觉自己在独自养家，就有了统治全家的欲望，这种想法应当避免，家中不应当有统治者，不能给孩子带来不平等感。

每个父亲都应该清醒一点，我们的文化过于注重男人的特权地位了，导致很多女人害怕结婚后会被降到从属地位。他应当时刻提醒自己，妻子是女人，不能像他那样卖命赚钱，这不等于妻子在家里没有地位。无论妻子是不是有经济来源，只要家庭中充满合作的愉悦氛围，就不必追究谁在赚钱，钱应该归谁管。

父亲对孩子的影响非常大，很多孩子一生都会把父亲当作偶像或死敌。惩罚，特别是体罚，会给孩子带来心理创伤。任何不友善的教育方式都是错误的教育方式。不幸的是，家庭中惩罚孩子的总是父亲。这种教育方式的弊端有如下几点：

第一，这说明母亲认为女人没有教育孩子的能力，认为女人是弱者，需要有力的帮助。比如，母亲对孩子说："等你爸爸回来修理你。"这给孩子造成了一种错觉，让他们以为男性是家里的终极权威。

第二，这会破坏父子关系，让孩子害怕父亲，而不是将父亲看成朋友。有些母亲不愿意惩罚孩子是怕孩子排斥自己，但让父亲来惩罚也不是好办法。母亲虽然没有亲自惩罚，却找了一个帮手，孩子一定会恨她。很多母亲都会用"小心我告诉你爸爸"来威胁孩子，那么孩子会对男人产生什么印象呢？

父亲若以积极的态度应对生命中的三大问题，就会成为家庭中的中坚力量，成为妻子的好丈夫、孩子的好父亲。要做好一个父亲，他必须善于交友，能够平和地与人相处。父亲在交友的过程中，要把自己的家庭生活变成社会生活的一部分。他不能固守传统观念，将家庭和社会区别对待。家庭之外的生活也应当进入家庭，这样才能培养孩子的社会情感和合作精神。

　　另外，父母的社交圈应该有交集，否则就会出问题。他们应该有共同的朋友，避免因朋友不同而产生隔阂。当然，这不是说父母必须天天黏在一起，他们可以交自己的朋友，但不能有任何妨碍，比如，丈夫不愿意将妻子介绍给自己的朋友。在这种情况下，父母的社会生活就与家庭生活脱离了。我们应当让孩子明白，家庭是社会中的一个单元，家庭之外还有很多值得信赖的人，这对孩子的发展有重要意义。

　　如果父亲与自己的父母、兄弟姐妹关系融洽，那么他在教育孩子的时候也会采取良好的教育方式。当然，作为父亲，他必须自立门户，但这并不意味着他必须和亲戚断绝一切来往。有些夫妻在结婚后仍然非常依赖父母，会夸大与原来家庭的关系，在提起"家"的时候，说的是自己父母的家。他们仍然将父母看成家的中心，还是无法建立真正属于自己的家。这个问题关系到夫妻二人的合作程度。

　　有时丈夫的父母会忌妒儿媳，想知道儿子婚后生活的点点滴滴，所以会给新家庭增添麻烦。儿媳经常感觉自己没有受到尊重，对公婆的干预十分不满。如果男方没有经过家里同意就结婚了，儿媳与公婆的冲突就更无法避免了。男方的父母可能比较有远见，看到了儿子与儿媳未来的婚姻生活会不和谐，但也可能看走眼。如果男方父母对儿子的选择不满，在婚前是可以反对的，但结婚之后就不能再反对了，而且要尽力保证他们婚姻和谐。家庭矛盾在所难免，丈夫应当理解这些问题，不必为之烦闷不已。他应当努力证明父母的反对是错误的，自己的选择是对的。夫妻不必事事都迎合公婆的心意，但如果儿媳可以和公婆合作，认为公婆也是在为了家的幸福着想，这样的家庭生活一定会和谐许多。

人们对父亲有一种固定的看法，认为父亲是家里的顶梁柱，他必须解决生活来源问题。为了解决这个问题，父亲必须要有一技之长，能用专长养家糊口。现在，妻子或许也能获得一点收入，帮一点忙，甚至孩子都可以帮忙，但是我们的文化传统还是要求男人承担养家的责任。要解决温饱问题，男人就要勇敢，要了解自己的工作，了解工作的利弊，能够和其他人合作，这样才能得到家人的尊敬。

父亲选择职业的意义不止于此，他还要向孩子展现自己的工作态度，让孩子不惧将来，明白以后怎么处理工作中出现的问题。因此，父亲必须知道选择职业的关键：要从事一份有益于社会、能促进人类幸福的工作。他认为自己的职业有意义并不等于真的有意义，比如偷窃。我们不必听他自我吹嘘，如果他自己说偷窃很了不起，那他很可怜。父亲只有从事有利于社会的职业才能正确引导孩子。

现在来谈谈爱情问题，包括结婚和建立幸福美满的家庭。

对于丈夫来说，他在爱情中最关键的行为就是爱护妻子。判断一个人喜不喜欢对方很容易，如果丈夫爱自己的妻子，就会爱屋及乌，连她喜欢的东西也一起喜欢，为了妻子的幸福而努力奋斗。不止一种感情能证明丈夫对妻子的爱意，很多种感情都可以证明。比如，丈夫会陪伴妻子、取悦妻子，努力让妻子的生活过得丰富多彩。只有双方都想让对方过得幸福时，他们才能愉快合作，所以每个人都应该关心对方胜过关心自己。

在孩子面前，丈夫不能过于明显地对妻子示爱。当然，夫妻之间的爱意与对孩子的爱意无法相比，二者完全不同，不会说一种爱变多了，另一种爱就会变少。但有的孩子看到父母公开示爱，就会感觉自己的爱被剥夺了，然后产生忌妒心，给父母制造麻烦。

关于性的教育也不能轻视。父亲向儿子解释男性生理现象、母亲向女儿解释女性生理问题时，注意不要主动解释这些问题，只有在孩子到了相应的年龄，想了解这些并能理解这些时再做出解释。现在家庭、社会向孩子传授了很多他们无法正确理解的性知识，结果让孩子有了不该有的兴趣和欲望。很可能人们以为这样做就把性问题大事化小，不再讳莫如深。但是，这种做法和欺骗孩子一样糟糕。最好的方法是了解孩子想知道什么，回答他正搞不清楚的问题，不要把大人所认为的常识强行灌输给他们。我们必须让孩子信任我们，让他们感觉我们在积极地与他们合作，想帮他们寻找解决问题的办法。如果父母是这样做的，就不会犯什么大错。

父母不必担心孩子会从他们的伙伴那里了解性方面的问题，一个能够自立和合作的孩子是不会被伙伴的话带坏的。另外，孩子一般在这些事上不会轻信别人，他们不会因为听别人说了什么后就做出对自己有害的事。

在我们的社会里，男人更有机会经历社会生活，所以他们更了解社会情况，了解社会中先进和阴暗的一面，了解国家和世界的面貌。他们的活动范围要比女人更广，所以在妻子、孩子遇到问题时，给出看法的往往是男人。但是，男人不能在家人面前吹嘘自己，他不是家里的权威，而是家人的朋友，所以要像朋友一样给出忠告。如果家人接受他的观点，他自然应该感到高兴；如果家人有抵触心理，就说明家人可能没有学会合作，这时男人不能动用自己的权威，而是应该想办法化解抵触，先让家人学会合作。吵架没有用，永远没有胜利的一方。

一个和谐的家庭不应该将金钱看得太重，更不应该为了金钱而吵架。那些不赚钱的女人都非常敏感，受到乱花钱的指责后会深受伤害。关于经济问题，家人应当坐下来好好谈谈，根据经济能力确定开支。妻子和孩子不能让家里入不敷出，否则确实不可原谅。从一开始就对开销问题达成一致，就不会有人感觉自己受到虐待，或者感觉别人都依赖自己了。

父亲千万不能认为金钱可以保证孩子日后衣食无忧。我看过一本美国人写的书，书中描写了一个本来很穷的暴发户，他希望自己的后代不再受穷，就去问律师该怎么做。律师问他要保证几代儿孙衣食无忧，他说想为十代子孙提供足够的钱。

"这一点你可以做到，"律师回答说，"但你想过你的第十代孙子有多少个祖先吗？他的父母之上又各自有父母，推回到你这一代就是五百多个祖先。这五百多个人都可以说自己是这个孙子的祖先，那么他还是你自己的后代吗？"

这个例子还向我们说明了一件事，无论我们为后代做了什么，其实都是在为社会服务，我们无法避开与他人的联系。

家庭中根本不应该有权威，而要有真正的合作。父母必须共同努力，为教育下一代做好准备，并达成一致意见。父母不能偏爱某个孩子，这一点很重要。偏心的危险再怎么强调也不过分。孩子体会到的最大失败，就是感觉自己不如别人受宠。孩子有时会毫无理由地感到失宠，所以非常有必要营造平等的环境，尽量减少孩子的这种感觉。在重男轻女的家庭中，女孩儿一定会有自卑情结。小孩都极其敏感，即使是很纯真的小孩，如果感到别人比自己受宠，也会走向完全错误的道路。

有时候，有的孩子比别的孩子表现得更好，或者比别的孩子更可爱，父母难免会偏爱他。这就要考验父母的经验和技巧了，父母在这种情况下更应当避免表露出对孩子的偏爱。否则，表现得更好的孩子会给其他孩子带来挫败感，其他孩子会产生忌妒心，怀疑自己的能力，其合作能力就会停止发展。父母认为自己没有偏心根本不够，他们必须细心观察孩子是否感到父母有所偏爱。

第六节
家庭成员间的合作

兄弟姐妹间的合作也是一个重要话题。孩子们如果感觉相互之间不平等，就不会发展出良好的社会情感；男孩儿和女孩儿如果因性别感到不平等，就会在两性关系上出现认知错误。很多人不明白："为什么同一个家里的孩子会有那么大的差距？"有些科学家试图用遗传来解释这个现象，说这些孩子表现出不同的遗传特性。但我们已经知道，这非常荒谬。其实孩子的成长如同树苗一样，一片树苗虽然一起长大，但相互之间的生长情况根本不一样。如果一棵树长得快些，它接受的阳光就更充足，还会影响其他树木的生长。它的枝叶会遮挡阳光，根也伸展得更广，抢走了别的树木的养分，别的树木自然就生长迟缓了，没有它那么高大。如果家里有个孩子非常出众，也会带来类似的情况。

我们已经知道，父母不能有一方成为家里的权威，而他们的能力也不能表现得太高。如果父亲才华横溢，是社会中的成功人士，并给孩子造成了压力，让孩子认为自己无法赶上父亲，他们就会很气馁，渐渐失去生活的兴趣。这就是有些社会名流的孩子会让父母失望的原因，他们的孩子看不到超越父母的可能。所以，不论父母在哪一方面很有优势，在家里都不要以自己的优势来贬低孩子，孩子只要看到他怎么做都不得父母的欢心，就不想在这方面发展了。

孩子们之间也会有这种情况。某个孩子如果表现很突出，就会得到更多疼爱。这对他来说很有利于成长，但别的孩子就会忌妒、憎恨他。没有人能忍受低人一等的感觉，有了这种感觉之后不可能不生气、不抱怨。而且那些孩子在长大后都会有情感问题，这并不是毫无根据的，他们会不停地追求优越感目标，但他们的优越感目标可能会发生变化，可能毫不实际，没有社会价值。

个体心理学研究了孩子的出生顺序对孩子成长带来的影响，这为科学研究开辟了一个广阔天地。为了简化这一问题，我们假设父母间的合作很理想，都在努力教育孩子。虽然成长条件很理想，但是出生顺序不同的孩子还是会有不同的发展。需要强调的是，在同一个家庭里，孩子们的状况不是完全相同的，他们有自己的生活态度，这是因为出生顺序给他们带来了不同的生长环境，他们需要调整自己以适应这种环境。

第七节
长子

所有的长子在出生后一段时间里都是家里的独子，第二个孩子出生后，长子需要面对这个新成员，就要调整自己以适应新环境。长子都得到过大量的关注和宠爱，习惯了自己在家里的中心地位，而第二个孩子突然取代了他，他完全没有心理准备。第二个孩子的到来意味着长子不再是唯一了，他要和一个"对手"分享父母的关怀。这种变化往往会带来很大的影响，很多问题儿童、神经症患者、罪犯、酒鬼、性变态的问题根源就在于此。这些人是家里的长子，对新生儿有很深的怨念，他们感觉自己的爱被剥夺了，生活态度由此发生了改变。

后面的孩子也可能会失去自己的中心位置，但他们的感受没有这般强烈。他们已经有和长子合作的经历了，也没有独享过父母的关怀和照顾。只有长子会感受到如此强烈的改变。如果他确实因为新生儿的到来而受到了冷落，就不难料到他很难平静地接受这个事实；如果他心怀恨意，我们也不能责备他。

当然，如果他明白父母是爱他的，明白自己不会失去中心地位，更重要的是，他做好了迎接新生儿的准备，学会了和父母一起照顾幼儿，这种危机也就不存在了，不会对他产生影响。但长子一般都没有做好准备。看到新生儿抢走了本属于他的关怀和照顾，他自然会努力把母亲拉回自己身边，开始想办法重新吸引她的关注。我们有时会看到两个孩子争抢母亲的关怀，双方都想占有更多的母爱。

长子更有能力想出新花招，我们不难想到他会怎么做。如果我们站在他的位置上想想，那么我们的所作所为也会和他一样。我们会努力让母亲忧心，或者反抗母亲，做出一些她无法忽视的行为。长子也会这么做，他最后会让母亲完全失去耐心，因为他会想尽一切手段，进行最疯狂的反抗。

母亲厌倦他惹祸而放弃了他，这时他才真正尝到没人疼的滋味。他为得到母亲的爱而战斗，结果却输了。他感觉自己受到冷落，但抗争的结果是他真的受到冷落。这反而让他更坚信自己的看法，他会想："我早就知道。"好像别人都错了，只有他是对的。他好像掉进了一个陷阱，越挣扎反而情况越糟糕。周围越来越糟糕的情况又印证了他对处境的看法，他的直觉告诉他自己做对了，他又怎么能放弃斗争呢？

长子反抗母亲的情况不尽相同，具体情况必须具体分析。比如，有的母亲会予以回击，长子就会变得脾气暴躁、不驯、挑肥拣瘦。他们与母亲为敌的时候，父亲往往会关心他们，所以他们会开始关注父亲，努力赢得父爱。这就造成一种普遍情况——长子往往更喜欢父亲，和父亲更亲近。只要孩子开始和父亲亲近，我们就可以肯定他们发展到了第二阶段，第一阶段是他们依恋母亲，但孩子感觉母亲不爱他了，就会转向父亲，以此谴责母亲。如果一个孩子更喜欢父亲，我们就可以猜到他肯定受过挫折，觉得自己受到冷落。他无法忘记这种挫败感，他的生活态度就会有这种情绪基调。

长子对母亲的抗争会持续很长时间，甚至会持续终生。在这种长时间的影响下，这类孩子有了根深蒂固的斗争、反抗心理，在任何情况下都会表现出这种性格。也许后来再也没有人关心他、尊重他，他变得越来越失望，认为自己得不到任何人的真情，于是就有了喜怒无常、内向、无法与人合作的性格。这个孩子渐渐将自己封闭了。

这种孩子会回忆自己过去的美好时光，在那段美好时光里，他曾经是众人瞩目的焦点。因此，长子都会表现出某种怀旧情结。他们喜欢怀念过去，而对未来没有什么乐观情绪。有些孩子因为失去了控制别人的力量，不能再统治自己的小王国了，会比别人更懂得权力和权威的重要性。他们长大以后会喜欢维护权威，夸大法律和规矩的重要性，他们会认为一切都要依法而行，规矩决不能更改。权力只能掌握在强大的人手中。

我们可以理解，儿童期的这种经历会让他们形成强烈的保守主义倾向。如果他们拥有了地位，就会疑心别人要顶替自己的位置，时刻提防别人篡权夺位。

虽然长子面临特殊的处境，但问题是可以化解的，并有可能转化为优势。在更小的孩子出生之前，长子如果学会了合作，就不会受到伤害。我们在这样的长子身上发现，他们都有一种保护他人、帮助他人的愿望。他们学会了模仿父母，在和弟弟妹妹相处时，会扮演父母的角色，照顾他们，教育他们，觉得自己有责任对他们好。有些长子还发展出了组织才能。这些都是发展良好的情况，可是他们的保护欲也会过度，进而变成控制别人的欲望，想让别人一直依赖自己。

我在欧美地区进行过考察，研究发现大部分问题儿童都是长子，其次是家里最小的孩子。这确实很有趣，他们分别处于出生顺序的两个端点，也表现出两个极端现象。我在研究中还看到，现在的教育方式还不能有效解决长子的问题。

第八节
第二胎

第二胎的处境就完全不一样了，他的情况和其他孩子的情况都不相同。从出生开始，第二胎就与长子分享父母的关怀，所以他比长子更懂得合作。他出生时的亲人比长子出生时多，如果长子不压制他，不和他争夺关怀，他的处境相当不错。另外，还有一点很重要，那就是在整个童年期，他有一个带领人。在他前面的人，年龄比他大，发展也比他早，这就一直刺激着他要尽力追赶。典型的第二胎很容易辨认，他会表现出参加比赛时的竞争状态，好像总有个人比他快，他要加紧步伐赶上去。第二胎一直都有一种全力以赴的拼劲，他要学习、超过、战胜长子。

《圣经》中有很多奇妙的心理学案例，雅各的故事就精彩地描绘了一个典型的次子形象。他想当第一，想夺走以扫的长子地位，所以会攻击以扫，以此超越以扫。第二胎经常会懊恼地感觉自己落在了后面，于是会竭力超越别人，所以他们往往会更有出息。第二胎常比长子更有才华，而且更容易成功。在这里，遗传根本没有起作用。如果要问第二胎为什么进步飞快，答案只是他非常用功。第二胎长大以后，虽然离开家庭的圈子，但他还是会树立一个假想敌，假想敌的位置比他高，他会为了征服假想敌而不断追赶。

这些性格特点不仅表现在日常生活中，还表现在人格方面，在梦里更为明显。例如，长子经常会梦到从高处摔落，他们的地位很高，但不能确定自己能否保持这种优越感。第二胎经常会梦到比赛或者追赶火车。有时，梦里的匆忙比赛很容易让我们猜到他是第二胎。

但我们必须说明，这种规律也不是一成不变的。比如，长子不一定必须表现得像个领导者。环境也是重要因素，出生顺序只是原因之一。在大家庭中，有些较晚出生的孩子也会有长子的处境，比如，前两个孩子出生得比较早，过了很长一段时间后，第三个孩子才出生，然后又有两个孩子出生。这样第三个孩子就会表现出长子的所有特征，第二胎的特征也会在第四、第五个孩子的身上出现。只要两个孩子年龄相近，并且和其他孩子的年龄差距较大，他们就会分别表现出长子和第二胎的各种特征。

有时候，长子在竞争中失败了，就会出现各种问题；有的长子保住了自己的地位，压住了第二胎的风头，第二胎就开始不让人省心了。如果长子是男孩儿，第二胎是女孩儿，长子的处境就更困难了。如果他被女孩儿打败，那么在我们的文化环境中，他会感觉受到了羞辱。比起两个男孩儿或两个女孩儿之间的竞争，一男一女的竞争要更加激烈。在这种竞争中，女孩儿经常会占有优势。在 16 岁之前，女孩儿比男孩儿发育得更快，不只是生理上，心理上也比男孩儿更有优势。很多时候哥哥会放弃竞争，变得懒散、胆小。他会采取不正当手段赢得父母的关注，比如吹牛、撒谎。在这种情况下，我们几乎可以肯定女孩儿会赢。我们会看到哥哥走上歧途，而女孩儿却可以从容地解决各种问题，她的进步非常惊人。这些问题是可以避免的，前提是必须未雨绸缪，事先意识到这种危险，并在错误造成之前采取合理的措施。只有全家人平等相处，才能避免孩子出现问题，不让孩子感觉受到了威胁，不刺激竞争意识的产生，他们才不会花精力去反抗。

第九节
最小的孩子

家里除了最小的孩子，其他孩子都会有弟弟妹妹，他们的地位都会被别人取代，而这个最小的孩子不会。他没有弟弟妹妹，而且前面有很多带领他的人。他一直是家里的宝贝，可能最受父母的宠爱。他可能会变成被娇惯的儿童，出现被娇惯儿童的所有问题。另外，刺激他竞争意识的人很多，他要超越的人不止一个，所以最小的孩子发展得都很快，容易比其他孩子发展得都好。在整个人类历史中，最小的孩子一直有很高的地位，这种地位从来没有改变过。在最古老的故事中，我们都可以发现最小的孩子超越其他孩子的记载。

在《圣经》中，最后获胜的都是最小的孩子。例如，《创世纪》中雅各的儿子约瑟。雅各有 12 个儿子，约瑟是家中的第 11 个孩子。虽然他还有个弟弟便雅悯，但是便雅悯比他晚生 17 年，对他的成长没有影响。所以约瑟是作为最小的孩子被养大的，他的生活态度就具有幼子的典型性。他总是在维护自己的优越地位，梦中都是如此。其他人都得向他弯腰低头，他的光芒掩盖了所有人。他的哥哥们非常清楚他的梦的含义，这不难理解，因为约瑟与他们生活在一起，他的生活作风众人都看在眼里。哥哥们都感到了约瑟梦中统治兄弟的欲望，他们害怕他，想除掉他。于是，他们趁父亲不在，把约瑟卖到了埃及。尽管如此，最后约瑟还是成了人中龙凤，成了光耀门楣的人物。

很多最小的孩子都成了光宗耀祖的人物，这绝非偶然。人们注意到了这一点，所以编了很多幼子具有超凡能力的故事。幼子的处境十分有利，父亲、母亲、兄姐都在帮助他发展，前面的孩子还在刺激他的雄心，更让他奋力拼搏，而他的后面没有弟妹了，也就没有人攻击他，分享他受到的关怀。

但是，我们说过，问题儿童中比例第二高的就是最小的孩子，一般是因为他备受全家娇惯。被娇惯的孩子很难自立，缺乏通过自己奋斗取得成功的勇气。最小的孩子普遍怀有远大抱负，但大部分有抱负的人往往也很懒。懒惰是有抱负却没有信心的标志，有的人野心太大，以至于他看不到成功的希望。有些最小的孩子不承认自己有雄心，这是因为他想在方方面面都胜人一筹，不想受到单一志向的约束。最小的孩子都有很强烈的自卑感，这也不难理解，因为家里人都比他大，体力也都比他好，见识还比他更丰富。

第十节
独生子女

独生子女没有兄弟姐妹做对手，但仍然有一个对手，那就是父亲。母亲一般比较娇惯独生子女，所有母亲都害怕失去独生子女，总想把他拴在身边。所以，独生子女很容易产生所谓的恋母情结，他会拉着母亲的围裙，想把父亲赶出家去。这个问题也可以避免，只要父母和谐相处，让孩子对父母双方都不反感，就能让他健康成长。但在大部分情况下，孩子和父亲的联系都不如和母亲那样紧密。长子有时和独生子女非常像，他们都会有打败父亲的想法，都喜欢年龄比自己大的人。

独生子女往往会害怕家里多出个弟弟妹妹。如果朋友逗他说"你应该有个小弟弟或者小妹妹"，他就会非常不开心。独生子女一直是家里的小太阳，家里人都要围着他转，这让他感觉这是自己的权利，如果有人挑战他的地位，他就会认为自己受到了不公平对待。在日后的生活中，如果他不再是家人关注的中心，就会出现许多问题。

如果孩子出生在一个因为条件有限而不能再生育的家庭，也会遇到各种发展问题。如果父母出现生理问题，不能再生育，那他们只能尽力解决独生子女会遇到的各种问题。而很多本来能生育更多孩子的家庭也只生了一个孩子，这种家庭的父母一般很悲观、胆小。比如，有的家庭经济条件不好，无法承担更多孩子的养育重任。这种家庭会有一种焦虑的气氛，孩子受这种气氛的影响也会出现各种心理问题。

如果在一个家庭里，孩子之间的年龄差距较大，那每个孩子都会表现出独生子女的一些特点。这种情况非常不妙。经常有人问我："你认为家里的孩子怎么生最合适？""孩子们的岁数是差得小一点好，还是差得大一点好？"据我研究，我认为岁数相差 3 年左右最好。家里有弟弟妹妹出生，一个 3 岁的孩子已经可以照顾小孩了。到了这个年龄，他能理解家里可以有多个孩子了。如果他刚刚 1 岁多或 2 岁，父母无法和他沟通，他根本不懂得这些，这样一来，父母就无法让他做好心理准备迎接弟弟妹妹的降临。

若家里只有一个儿子，其他的全是女孩儿，那他的成长也会充满问题。如果父亲大部分时间不在家，他就完全生活在女性的环境中，他只能看到母亲、姐妹，或许还有家里的女佣。他会感觉自己与别人不一样，长大后会变得很孤僻；如果女孩儿们联合起来对付他，那他就会变得更加孤僻。女孩儿们可能会认为自己有责任教育他，或者想让他知道男孩儿没什么了不起，这样一来，家里的对抗和竞争就更加激烈了。如果他的排行处于中间位置，那他的处境是最糟糕的，因为姐妹们都会攻击他；如果他是长子，那第二胎的妹妹会给他很大压力，这个妹妹会是个非常难缠的竞争者；如果他是最小的孩子，那他可能会被家里人娇惯坏。

在女人堆里长大的独子会让人讨厌，但他如果能扩展自己的社交圈，与其他孩子交往，就能消除家人给他带来的不良影响，否则他肯定会带有脂粉气。全是女人的环境和男女共处的环境非常不同。如果根据居住者的品位来设计、装修房子，那可以肯定，全是女人的房子都会非常整洁，房间里的颜色也会经过精心挑选，任何一个细节都不会有毛糙的痕迹。如果家里有男人或男孩儿，房间就不会特别整洁，房间里会有很多毛糙之处，家具看上去也会有些别扭，物品摆放、颜色搭配都会有不和谐的地方。因此在女人堆里长大的独子会有女性的品位，他对待事物就会很细腻、很挑剔，可以说他具有女性化的审美。

当然有相反的情况，独子也可能激烈反抗这种氛围，极力证明自己是男的。他会时刻保持警惕，害怕受到女人的影响，会极力维护自己的优越感，并让自己表现得与众不同。他的心理会走向两个极端，要么非常强大，要么特别脆弱。与此相似，在男人堆里长大的女孩儿就会像个假小子，或者表现得过于女性化。这种女孩儿一生都会带有一种无助感和不安全感。这类情况非常值得研究，但因为不是很常见，所以还不能下结论，我们还需要研究更多的例子。

我在研究成年人的时候，发现童年时期的某些印象会一直影响他们，而且这些印象所留下的痕迹永远不会消失。在家里的出生顺序也会留下不可磨灭的痕迹，人们的人格都会表现出相应的特征。人在发展过程中所遇到的障碍，都是家庭中存在的竞争以及缺乏合作意识造成的。环顾一下我们的社会生活，就可以发现对抗和竞争遍布在生活的方方面面，表现得都很明显。因此，我们可以得到结论，每个人都有相同的追求，这个追求就是征服、超越别人。人们在童年早期就已形成了这个追求，特别是那些认为自己受到了不平等对待的孩子，他们在对抗、竞争中就会形成这样的世界观。要想消除这种不良后果，只有培养孩子的合作精神这一种办法。

第七章

学校对人的影响

第一节
学校教育的发展

学校是家庭的延伸。如果家庭已经完成了教育孩子的任务，已经教会他们怎样解决生命的三大问题，学校教育就没必要存在了。在过去，孩子完全是在家里接受教育的。比如，工匠会将自己的手艺传授给儿子，而他的手艺要么是从父辈传承下来的，要么是从自己的实践中得来的。但是，现代社会向我们提出了更复杂的要求，为了减轻父母的负担，并继续对孩子进行教育，学校必须存在。不断发展的社会要求成员们提高自己的受教育水平，家庭再也无法完成教育任务了。

美国不同于欧洲，学校的发展少了几个发展阶段，在有些学校中，我们或许还能看到权威传统的残留痕迹。在欧洲的历史上，很久以前只有贵族才能接受学校教育，这就是说，只有他们才被认为是有社会价值的人，其他人只能安分守己地从事自己的行业。后来，教育范围扩大了一些，某些人也被认为具有社会价值，也可以接受教育，于是宗教机构便拥有了教育他们的职能。在宗教机构中，少数被选中的人可以学习神学、艺术、科学以及其他专业课程。

随着工业的发展，皇帝可以不会读写，但工人必须会读书识字、算数、作图，旧时的教育已经无法满足社会需求了。公立学校应运而生，教育这时才真正得到了普及。但是教育的普及过程非常艰辛，比如，村镇里的教师通常是当地的补鞋匠或裁缝，他们上课时虽然拿着教尺，但是讲课效果很差。

另外，这些学校一般是根据政府需要而建立起来的，当时的政府需要顺服的百姓，教育他们是为了维护上层阶级的利益，并让他们随时都能参战。学校的课程便是为了这一目的而设置的。我记得过去奥地利的教育就是为了驯化平民，让平民做符合自己身份的工作。渐渐地，教育的弊端开始显露出来了，自由的思想开始萌芽，工人阶级也越来越强大，他们的要求越来越多。公立学校为了适应这些要求就开始改革，现在流行的教育理念是培养孩子独立思考的能力，给予他们更多学习文学、艺术、科学的机会，以此让他们在长大后参与人类文明的建设工作，并做出应有的贡献。我们的理念不再是只教会孩子谋生的方法，或者让他到工厂中找份工作，而是培养一个人才，让他成为一个对社会有用的人。

那些倡导教育改革的人无论是有心还是无意，都是在探索一种提高社会合作的方法。倡导性格教育的运动就有这样的动机。但是，这种教育的方式和目标还没有被充分了解。它要求我们找一大批教师，不仅要教会孩子怎样谋生，还要培养他们成为对社会有用的人才。这些教师必须认识到自己的教育任务非常重要，为了完成这个任务，他们还要接受必要的培训。这种教育还处于探索阶段。

第二节
教师的角色

在性格教育中，我们必须排除教条思想，不可以严肃、教条地培养学生的性格。然而，现在学校的教育效果还不能令人十分满意。在家庭中没有学会合作的孩子来到学校，虽然学了一大堆课程，听了一大堆劝诫，但还是会犯同样的错误。因此，我们必须培训老师，让他们了解学生的性格，并帮助学生正确发展。

这也是我一直以来所从事的工作，我相信维也纳的很多学校在这方面已经领先于世界了。在其他国家，心理学家虽然诊断出了孩子的问题，也提出纠正问题的建议，但老师反对他们的建议，也不懂如何按照建议来做，那么这些建议不是没用吗？

心理医生每星期给孩子看一两次病，但他们并不清楚孩子在家庭或学校里到底是什么情况，就算每天看一次也不能做出正确诊断。他们会在诊断书上说，这个孩子应该加强营养，或者需要接受甲状腺治疗。也许医生还会建议老师特殊对待这个孩子，但是老师不懂如何正确对待，也不知道如何避免错误。

只有心理医生和老师进行密切合作，才能进行正确的教育。老师必须了解孩子的性格和心理学，这样就可以脱离别人的指导，独自对孩子进行教育了。就算出现意外情况，老师也要知道如何处理，就如同心理医生在场一样。最实用的形式是我们在维也纳建立的咨询委员会，本章末尾将对其进行描述。

第三节
注意孩子出现的问题

有个孩子在上学第一天只做了一件事，就是嘲笑老师说的每一句话。他对功课没有任何兴趣，老师认为他智力不高。他来就诊的时候，我问他："人们都很奇怪，你在学校里为什么总在笑？"他回答说："学校是爸爸妈妈开的玩笑，他们把我送到学校就是为了耍我。"

他在家里经常被人嘲笑，所以会认为新环境是父母对自己开的玩笑。最后我让他明白，他过于重视自己的尊严了，学校里没人想玩弄他。回去以后，他对功课开始有了兴趣，并取得很大的进步。

教师的职责是注意孩子出现的问题，纠正父母的错误。他们会发现，有些孩子已经在家里学会关注别人，准备好融入更广阔的社会生活；而另一些孩子却完全没有准备好，一旦遇到问题，就会犹豫甚至退缩。那些表现得很迟钝而实际没问题的学生，都是在犹豫，他们没有调整好自己，不知道该如何融入社会生活。教师的职责就是帮助孩子学会面对新环境。

但老师到底该怎么做才能帮助他们呢？老师要像母亲一样，和孩子产生联系，让孩子对自己产生兴趣。孩子以后无论调整自己还是适应环境，都要靠对老师的兴趣。如果老师总是板着脸，或者总是惩罚学生，根本无法让学生产生兴趣。如果孩子在上学后不会和老师、同学交流，面对这种情况最糟糕的办法就是批评、指责他，这样做只会让他更加讨厌上学。如果我在学校里总是受到批评训斥，也会迅速失去对老师的兴趣，甚至会挖空心思逃离这种环境。

那些逃学的学生、迟钝的学生、难管的学生，很大程度是因为老师没有做好，将课堂变成令人不快的地方。大多数学生实际上并不笨，在编造理由不去上学、模仿父母笔迹时，都显示出极高的天分。在学校外面，他们会遇到很多逃学的学生，在这些同伴中，他们会受到更多的赏识。他们感到在这个圈子里更能和人友好相处，比在学校里更能获得尊重。从这种情况中，我们可以看到，如果学生在学校受到了不平等对待，就很容易走向犯罪。

第四节
激发学生的学习兴趣

老师要激发学生的学习兴趣，就必须知道他们的喜好是什么，要让他们相信发展自己的兴趣会取得成功。如果他们有信心学好某一科，很可能也会对其他学科感兴趣。因此从一开始，我们就要发现学生是如何感受世界的，他的哪个感官最敏锐。有的孩子视觉能力发展得很好，有的是听觉，还有的喜欢运动。视觉型的孩子更喜欢观察类的科目，比如地理和美术。老师讲课时，他们很少注意听，因为他们不习惯用耳朵。如果他们没有机会用眼睛学习，就会落后于人。这种情况下，老师可能想当然地认为他们没有学习的天分，并认为这是遗传造成的。

要怪，也只能怪老师和父母没找到让孩子产生学习兴趣的方法。我并不是说要对这些孩子进行专门教育，而是说要利用他们高度发展的兴趣，来激发他们其他方面的兴趣。现在的一些学校，他们的教学方式可以调动孩子的所有感官，例如，他们会有模型制作和绘画的课程。这种潮流应该受到鼓励和推广。教课的最佳方式就是要和生活联系起来，这样孩子就能明白学习的价值了，也能明白怎样运用所学的知识。

常常有人问我这样的问题："只教孩子知识好，还是只教他们独立思考好？"我认为两者不能对立，这两个方面要结合起来，比如，就建造房屋这个问题教孩子数学，可以让他们计算需要多少木头，能住多少人等。这种教学方式才有利于学生的发展。

有些课程可以结合在一起教学，因此，很多老师都会将生活的各个方面联系起来。比如，老师可以和学生到大自然中学习，找到学生的兴趣。在大自然中，老师可以教学生植物的结构、生长、用途，气候的影响，山川的自然特征，人类的农业史等。当然，我们必须假设这位老师喜欢教学，喜欢所教的学生，否则他根本教不好学生。

第五节
课堂里的合作与竞争

在当今教育制度下，我们常会发现，孩子来上学更像是来参加比赛，而不是来合作。学校的各种生活中，往往充斥着大量的竞争。这对学生来说真是一场灾难，无论学生打败别人、奋力向前冲，还是落后于人、放弃努力，都不利于塑造他们正确的人生观。在这两种情况中，学生都只会养成关心自己的习惯，他们不会有奉献、帮助他人的目标，只会尽力谋取自己的利益。正如家庭应该是一个人人平等的整体，班级也应该如此。学生只有受到这样的教育，才能彼此关心，学会与人合作。

孩子刚刚被送到学校上学的时候，会面临社会生活中一个新的挑战，他的表现就会显示出他成长过程中养成的错误。现在，他进入了一个大型社交圈，与人合作的范围突然变大了，如果他在家中被娇惯，就可能不愿意走出如温室般的生活，和别的孩子一起玩。这样，在孩子上学的第一天，我们就能看出被娇惯儿童的社会情感没有得到良好发展。他可能会哭，喊着要妈妈、要回家；他可能不喜欢学习、不喜欢老师；他可能不习惯听别人说话，因为他一直有心事。不难预料，他如果只注意自己的事，就会在学校里样样落后于人。有的问题儿童在家里根本不惹麻烦，只在学校里才会接二连三地闯祸。我们不难猜到，这种儿童在家里感觉非常舒心，他的地位没有受到任何威胁和挑战，他在成长中形成的错误在家里不会表现出来。但在学校里，他不再受到重视，就有了被击败的感觉。

我遇到过很多"有障碍"的儿童，经过培养，他们学会关心别人、与人合作，最终彻底改变了自己的精神面貌。我特别想提一个孩子，他认为家人都在针对自己，所以在上学后认为学校里的人也在针对他。他在学校里学习成绩很差，受到老师训斥，回到家又会被父母责骂。本来一次挨骂已经很令人伤心了，挨两次骂更让他看不到希望。难怪这个孩子的成绩一直很差，是班里的捣蛋鬼。后来，他遇到了一位老师，这个老师理解他的处境，向其他孩子解释了他认为大家都在针对他的原因，并请大家帮忙，让他相信大家都可以和他做朋友。后来，他的行为和成绩都有了惊人的改变。

有人会怀疑能否教会孩子理解他人、帮助他人，但依据我的经验来看，儿童往往比大人更容易学会这些。有个母亲带着两个孩子到我诊所里，女孩儿 2 岁，男孩儿 3 岁。在看病的过程中，女孩儿忽然爬上桌子，母亲被吓呆了，站在原地大叫："快下来！快下来！"女孩儿根本不理她。男孩儿说："别乱动！"女孩儿马上就爬下来了。男孩儿比母亲更理解妹妹，知道怎样制止妹妹。

相反，有人认为加强班级的凝聚力，可以让学生自治。但我认为这件事要谨慎对待，老师的指导不可缺少，而且要保证学生已做好充分的准备。否则，我们会发现学生会将自治当成儿戏，并且会比老师更严厉苛刻，甚至会利用它来谋取个人利益、挑起争端、互相嘲笑，或者会为自己争取优势地位。所以老师的观察、指导非常重要，从一开始就要严格执行。

第六节
评价孩子的发展

要随时了解学生的智力、性格、社会行为等，就要进行各种测验。当然，这种测验有时候对学生有利，比如，有个学生成绩不好，老师希望他留级，但是智力测验结果证明他可以顺利升级。但必须明白的是，我们永远无法预料一个学生将来会怎样发展。智力测验只能用来了解学生在哪方面有所欠缺，以便找到解决问题的方法。根据我自己的经验，只要智力测验说明学生没有智力障碍，我们就可以找到正确的方法，他们的智力一定能得到提高。我发现，如果让孩子多玩几次智力测验游戏，他们就会熟悉测试内容，在此基础上还能练出技巧，他们的经验和智力在此过程中都会得到提高。总之，智商不是由遗传或命运决定的，它并不会限制儿童将来的发展。

既然不能根据智商测试的分数来预测儿童的发展，我们就不能将分数告诉儿童和他的父母。他们不懂测试的真正意义，只会将测试分数当作终审判决。教育中最大的问题，并不是儿童有什么障碍，而是他认为自己有障碍。如果儿童知道自己的智商测试分数很低，就会失去希望，认为自己难以取得成就。教育工作者只能专心培养儿童的信心和兴趣，并消除他根据生活给自己设置的种种限制。

学校的评语也有这种效果。有的老师可能认为评语会刺激学生努力上进，给出了很差的评语，但如果学生的父母很严厉，学生就会害怕将评语带回家。有的孩子会因此不敢回家或者涂改评语，甚至会想到自杀。所以老师在给出评语时必须考虑后果，虽然老师对学生的家庭生活不负有责任，但必须考虑每个学生的家庭情况。

如果学生的父母非常严厉，那他们看到老师的差评后肯定会大发雷霆。老师稍微宽容和蔼一点，就有可能鼓励到学生，让他们产生努力上进的意愿。一个学生总是得到老师的差评，不仅所有人会以为他是班里最差的学生，就连他自己也会形成固定的看法，认为自己无法改变现状。即使是最差的学生，也能不断取得进步，很多名人的事例就能证明这一点，他们原本是学校里的差生，可是重新鼓起信心和勇气之后，取得了常人难以想象的成就。

有个有趣的现象，学生们不用看成绩单，就能对同学的能力做出合理判断。他们知道谁的数学最好，知道谁的拼读很流畅，谁的美术功底很棒，谁的运动天赋极高，也清楚每个人在班里的名次。但他们都会犯的错误是，认为自己不能再进步了。他们知道谁排在自己前面，但认为自己无法超越他。如果这种观点很坚定，他们在以后的生活中也会有这种态度。长大后，他们也会给自己和别人排序，并认为自己无法超越某个人。

大部分学生在学校里的排名基本不会变，无论升到几年级，他们都会排在前面，或者排在中间、后面。我们不能认为这可以说明学生的天分，这只能说明他们限制了自己的发展，也限制了自己的积极程度，他们都感觉自己无法超越某个人。也有不少班级排名落后的学生突然改变自己的学习态度，通过拼命学习取得了惊人的进步。学生应当明白限制自己是错误的想法，只要智力正常，每个人都能发挥自己的潜力。老师和学生都应当明白，学习成绩和遗传没有一点关系。

第七节
先天素质与后天培养

人们对教育产生很多错误观念，其中最严重的是认为遗传会限制学生的发展。老师和父母都会以此为借口开脱责任，认为自己对孩子没有造成不良影响，这种逃避责任的行为应当受到谴责。如果一名教育工作者将性格和智力都归咎于遗传，那他怎么可能在这个行业中取得优异成绩？相反，如果他明白自己的态度和努力能影响孩子，就不会逃避责任了。

这里说的不是生理性遗传，部分生理缺陷会遗传是毋庸置疑的。我相信只有个体心理学研究了遗传病对心理发展的影响。孩子在意识到自己的器官有缺陷后，就会根据对缺陷的判断限制自己的发展。所以，影响心理的并不是缺陷本身，而是孩子对生理缺陷抱有的态度，以及他采取的行动。如果一个孩子有生理缺陷，我们必须让他明白他的智力和性格是没有问题的。前面说过，同样的生理缺陷有可能激励人不断前进、不断取得成功，也有可能妨碍人的发展。

这个观点是我首先提出的，很多人指责它不科学，认为这是违背事实的个人主张。然而，它确实是我总结自己的经验得到的，并且支持它的证据越来越多。现在，很多心理学家和心理医生用其他方法也得到了同样的结论，性格特征会遗传的说法已经被证明是不科学的。这种迷信说法已经存在了几千年，只要有人想逃避责任，就会说人的性格来自遗传。通俗点说，就是人们认为"人之初，性本善"或"性本恶"，孩子一生下来就有了善恶的本性。这种二元对立的观点很容易被证明是胡说，只有特别希望逃避责任的人才会相信这种说法。

和其他描述性格的词语一样，"善"与"恶"只有在社会环境中才有意义，它们是人在不断学习、不断适应社会的过程中形成的。这两个词隐含人们评价一个人的标准，"善"意味着"对大家有利"，"恶"意味着"对大家有害"。在出生前，孩子还没有经历过社会，出生之后，他的发展方向有很多种可能。他选择走什么路，要看他从环境中和自己的身体上得到的印象和结论，特别是他受到的教育，会对此有很大的影响。

智力的遗传也是这样，尽管证据还不是很充分。促进智力发展最重要的因素应该是兴趣，我们已经知道遗传不会影响人的兴趣，只有挫折、失败带来的恐惧、气馁才会打击人的兴趣。毫无疑问，大脑的结构确实来自遗传，但大脑只是心灵的工具，而不是心灵本身。如果大脑的缺陷没有严重到不能修复，就可以训练大脑弥补缺陷。很多人拥有了不起的能力，但他们的家族遗传作用不大，是对兴趣长期培养的结果。

有一些家庭代代出人才，每一代都有人对社会做出极大的贡献，但我们也不能认为这是遗传因素的作用结果。我们可以这么解释：这些家庭里的某个成员成了其他人的榜样，他的成功激励了其他人，家族的传统也刺激了孩子继承先人志向，所以他们会培养自己的兴趣，训练自己的能力。比如，大化学家李比希的父亲是开药店的，但我们不能说李比希的天分来自遗传。仔细看看他的生平就能发现，他的家庭环境为他提供了便利的条件——从小被化学熏陶，在其他孩子对化学还一无所知时，他已经学到了很多化学知识。

莫扎特的父母喜欢音乐，但他的音乐才能也不是来自遗传。他的父母希望他爱上音乐，所以一直鼓励他学音乐，从小他的周围就充满了音乐。我们发现杰出人物都很早就接触自己的事业了，他们有的在 4 岁时就开始学钢琴，有的在很小的时候就开始给家人讲故事。他们的兴趣持续的时间很长，不用别人催促，就能自发培养自己的兴趣，而且会将兴趣拓展得很深、很广。他们有勇气，不犹豫，不退缩。

如果老师认为学生不适合某一科，认为学生不会在这一科中取得好成绩，那么肯定没办法让学生提高。如果他对学生说"你不是学数学的那块料"，他倒是轻松了，但学生会受到很大的打击。我就遇到过这种事。上学的时候，我的数学成绩一直都很差，我认为自己没有数学天分。幸运的是，有一天我意外地解出一道老师都不会的题，这次成功让我改变了对数学的态度。我开始喜欢上数学，并抓住一切机会提高数学能力。最后，我成了学校里的数学天才。这个经历让我明白了，所谓特殊的天分和天生的才能完全是胡说八道。

第八节
学校里的一些现象

即使班里学生很多，我们也能看到学生之间有很大的差别，如果我们了解他们各自的性格，而不是让他们来适应老师，就能更好地教育他们，这就是因材施教。不过，班里人太多会有不利因素，有时学生的问题不明显，老师看不到，也很难管得过来，也很难恰当处理。老师应当了解每个学生，否则就无法吸引他们的兴趣，也不能让他们配合老师。我认为一位老师连续几年教同一个班是很有利的。在很多学校里，老师每隔半年就换一次，这会导致老师没有机会深入了解学生，无法发现学生的问题，也无法跟踪学生的发展。如果老师能和同一批学生一起待上三四年，他就能轻松发现并纠正学生态度方面的错误，也能将班级打造成具有凝聚力的集体。

让学生跳级不见得是好事，这会让他背负太高的期望。如果一个学生比同班同学年龄都大，或者发展得非常快，也许可以让他跳级。然而，如果这个班级是一个有凝聚力的集体，那这个学生的快速发展或许有利于全班的进步，跳级反而会带来不良影响。

班里一旦有一个优秀的学生，整个班都会被带动起来，很多学生会追求进步，各方面的能力都会大幅度提高。让这个学生跳级，就等于剥夺了他对其他学生的激励作用，这明显不公平。对于那些发展非常快的学生，我建议除了常规的教学、合作等活动外，还要让他们参加别的活动，比如学油画。他在其他方面的成绩也会激发其他学生的兴趣，鼓励他们努力取得进步。

让学生留级就更不是好事了。每位老师都会发现，留级的学生通常会出现问题，无论是在学校里还是在家里都会惹麻烦。当然会有例外，也有极个别留级的学生不会有丝毫问题。但绝大部分留级的学生还是落后于其他同学，而且问题不断。同学们对他们不会有好印象，他们自己也很悲观。这个问题很难解决，因为在现在的教育体制下，不让学生留级很难做到。有些老师利用假期专门来教育那些差生，让他们认识到自己的错误，这种方法确实让一些差生避免了留级。我们现在只能用这个方法帮助差生，就是让他们明白他们低估了自己的能力，束缚了自己的发展，这样他们就能放开手脚靠自己的努力取得进步了。

欧洲的学校里还有一个现象，学校会将学生分成尖子班和普通班，不知道美国是不是也有这个问题。这样一来，就会出现一个很明显的现象：普通班里大都是智力迟钝或者家境贫寒的学生，而有钱人家的孩子都集中在尖子班里。这一现象也容易理解，家境贫寒的学生在上学前没有做好充分的准备，父母要应对生活问题，没有时间教育孩子，而且父母自己就没受过什么教育，根本帮不了孩子。

但我不赞同将没有做好上学准备的孩子分到普通班里。如果不按学生的能力进行分班，那么一个训练有素的老师知道怎样弥补他们的缺陷，让他们和尖子生一起相处也能获益良多。可是分班之后，差生就会明白自己和别人有差距，尖子生则会认为自己高人一等，瞧不起那些差生。所以分班会促使差生更加气馁，也会促使他们追求不正确的优越感目标。

从原则上说，男女同校是值得提倡的。男孩儿和女孩儿一起相处可以增进了解，可以提高自己与异性的合作能力。但是，如果以为男女同校可以解决所有问题，那也是错误的。这会发生更特殊的问题，如果认识不到这些问题，没有采取合理的处理方式，那么男生和女生会更加疏远。

例如，在 16 岁之前，女孩儿比男孩儿发展得要快。如果男孩儿不明白为什么总是赶不上女生，就会失去自尊。他们会觉得让女人给打败了，心里会无比气馁。长大后，他们还会害怕与异性竞争，他们忘不掉自己曾经败在了女人手里。赞同男女同校的老师如果了解这类问题，就会取得不错的成绩；但如果他对这个问题持无所谓的态度，也不了解男女同校会出现什么问题，就肯定教不好学生。

还有一个问题，如果学生没有得到正确的引导和培养，性教育就会出现问题。在学校中进行性教育会面临十分复杂的情况，课堂并不是进行性教育的恰当场所。如果老师对全班公开讲性知识，全班学生未必能全部正确理解。另外，这还可能会勾起学生对性问题的兴趣，但谁也不能保证他们能正确处理自己的生理问题，也不能保证他们能正确看待两性关系。当然，如果学生对性问题处于懵懂状态，私下向老师提问，老师应该坦诚相告。这样他也有机会判断学生真正想了解哪方面的内容，并帮助学生正确处理生理问题。在课堂上不能经常讨论性问题，因为有些学生一定会误解；但是淡化性问题也没什么好处，老师将这个问题看作无足轻重的事时，未必能正确引导学生。

第九节
认识学生不同的性格和生活态度

　　只要人们学习过如何了解孩子，就很容易辨别他们的性格和生活态度。孩子的合作程度会表现在他的身体姿势、听和看的方式、人际距离、交友时的从容程度以及注意力集中的程度上。比如，学生忘写作业或者乱丢课本，我们就可以猜测他不喜欢学习，我们必须找到他讨厌学习的原因。又如，某个学生不和其他学生一起玩，我们就能猜到他有孤独感，孤独的人都只关注自己。再如，某个学生总是想让别人帮忙，那他应该缺乏独立精神，总希望过"衣来伸手，饭来张口"的生活。

　　有些学生只有在受到表扬或有人监督时才会做自己的事。很多受到娇惯的孩子只要得到老师的青睐，就会取得好成绩。失去了老师的青睐，他们的心理、学习成绩都会出问题：如果没有人高看他们一眼，他们就没有了学习的动力；如果没有人欣赏他们，他们的兴趣就会完全丧失。这样的学生往往会在数学上遇到困难。如果让他们记一些定理或公式，他们会记得非常棒，可是让他们自己解题，就会感觉无从下手。

这貌似是些小问题，但正是这些总需要得到别人的青睐和帮助的学生，才会在社会生活中给别人带来很大的威胁。如果他们没有改变这种人生观，就会一直需要别人的帮助，只要一遇到问题，他们就想着让别人来解决。他们可能会成为别人的累赘，一生都没有什么贡献。

想得到别人注意的孩子还会有另一种表现。如果有什么不满意的地方，他就会调皮捣蛋，招惹别人，让别人无法安心学习，扰得全班不得安宁。批评和惩罚根本没有效果，他反而会在惩罚中找乐子。他宁愿挨罚，也不愿意受到冷落，因为他的意图就是吸引大家的注意。在他看来，他受到的惩罚是为了获得关注所付出的正当代价。很多孩子会把惩罚看成对自己的挑战，是一场比赛或游戏，比赛会持续很长时间，而他们总是最后的赢家，因为主动权掌握在他们手中。所以和父母、老师对抗的孩子在受到惩罚时不会哭，反而会笑。

有的孩子很懒，这可能有两种原因，要么是为了对抗老师、家长，要么他有雄心没信心。每个人对"成功"的理解都是不同的，孩子们对"失败"的理解方式也让人感到惊讶。很多孩子即使取得了成功，但没有取得第一，也会认为自己失败了。我们经常见到，有的孩子看见别人比他做得好，就会很丧气。懒惰的孩子从来没有尝过失败的滋味，因为他们没有经历过真正的考验。他们逃避问题，不与别人争高下。他们总是躲在自己的白日梦里："我要是做，肯定能做好。"他们遇到失败也能将失败化小："我不是能力不行，只是懒得做。"他们经常以此为理由维护自己的尊严。

有时老师会对懒学生说："你要是肯努力，一定能成为班里最优秀的学生。"这反而正中他们的下怀，他们在犯懒的时候就得到了这样的评价，为什么还要冒险努力上进呢？如果他们不再犯懒，人们就会用实际成绩来评价他们，而不是用可能取得的成就，也就不会再说他们有潜力了。懒孩子还有一个优势，只要他们稍微勤快点，就会得到表扬。别人看到他们有了一点变化，就会急着鼓励他们要接着努力。相对而言，那些勤快的孩子做同一件事则不会获得太多注意。因此，懒孩子活在别人的期望里，他们从小就被娇惯坏了，所以很被动。他们就像木偶人，别人推一推，他们才会动一动。

还有一类孩子很常见，也很容易辨别出来，他们就是孩子王。人类确实需要领袖，但需要的是能为大家谋利益的领袖，而孩子王一般不是这种领袖。大多数孩子王只是喜欢控制别人、统治别人，也只有在这种情况下，他们才愿意和小伙伴们一起玩。因此，孩子王的未来并非一片光明，他们可能会遇到各种问题。长大以后，两个孩子王结婚、进行社交或商业合作，往往会以悲剧或闹剧告终。因为两人都想控制对方，争取自己的优势地位。有时，家里的长辈看到被娇惯的孩子想控制大人、指挥大人，会感到很开心，或者感觉孩子很有前途，所以会鼓励他们。但是老师会发现，这种性格不利于他们日后的社会生活。

当然，孩子们各不相同，我们并不是要对他们进行归类，这样会让人以为孩子都是同样的模子刻出来的。我们想做的是防止孩子养成不良性格，因为这些不良性格会让他们走向失败或面临困难。这些性格在童年时期还比较容易纠正，如果没有纠正，成年以后就会引发各种问题，甚至会给社会造成严重的后果。童年时养成的错误性格和成人后的为人有着必然的联系。例如，没有学会合作的孩子，长大后会变成神经症患者、酒鬼、自杀者或罪犯；焦虑症患者童年时都怕黑，害怕生人或害怕新环境；抑郁症患者童年时都很爱哭。

在现代社会中，我们不可能帮助所有的父母正确教育孩子，帮他们避免出现教育失误。而且，你会发现，那些最需要得到指导的父母反而最不主动寻求指导。不过，我们可以对所有的老师进行指导，通过老师，我们就能纠正孩子已经形成的错误性格，并帮助他们培养勇敢、独立、合作的人生观。在我看来，这项工作是人类追求幸福的最大保证。

第十节
教育咨询委员会

　　为了指导老师，我在 15 年前设立了个体心理学教育咨询委员会，在维也纳和欧洲其他的很多城市中，这类机构被证明非常有用。理论如果没有付诸实践，就无法证明它的实际价值。这 15 年来，实践证明教育咨询委员会取得了完全成功，说明这种方式确实很有效，确实可以解决儿童的各种问题，并将他们教育成有担当的人。我当然相信，以个体心理学为指导的教育咨询委员会还会获得更高的成就，不过，我也不认为教育咨询委员会不能和其他派别的心理学家合作。事实上，我一直在倡议所有心理学派别共同合作，然后比较各自的实践成果。

　　教育咨询委员会的具体实施方案是，派出一名擅长解决老师、父母和孩子问题的心理医生，让他到学校与老师一起探讨教育工作中遇到的问题。在学校，老师会提到某个孩子的情况和棘手的问题，比如，这个孩子很懒，或者经常和人吵架、逃学、偷东西、学习成绩落后等。这位心理医生就会根据自己的经验，就这些问题进行讨论。在讨论过程中，老师会讲述孩子的家庭生活和性格发展，也会描述孩子的问题最早是在什么情况下出现的。他们在了解情况后，会分析问题的原因，并探究该如何解决。因为双方的经验都很丰富，所以不难找到合适的解决办法。

在心理医生到校工作的当天，孩子和他的父母也要来学校。心理医生先和老师确定如何与孩子的父母交流，如何让父母理解孩子失败的原因，然后再和父母见面。父母会提供更多的信息，然后心理医生会和父母展开讨论。在讨论过程中，医生会向父母建议怎样帮助孩子。

一般来说，父母都很高兴有这么一次咨询的机会，都很愿意合作。但也有人采取抵制的态度，此时，医生和老师会讨论一下相似的情况，从中推断出可以运用到这个孩子身上的办法。然后叫孩子进来，医生会和他交谈，不谈他的错误，也不会斥责他，而是谈谈他都有什么早期记忆、梦、经历等，以此发现他的问题，了解他的想法。医生会思考是哪些认知影响了他的健康成长，比如，他是不是认为别人瞧不起他，或者认为父母偏心等。如果医生需要谈孩子的错误之处，那他不能直接说，而是要虚构一个相似的故事，然后让孩子来进行评价。孩子往往能正确理解谈话的目的，并迅速改变态度，没有这类工作经验的人见了会大吃一惊。

被培训后的老师都很乐意做这项工作，他们觉得接受过培训之后，与教学有关的工作都变得更有意思了，而且他们还看到自己的心血没有白费。他们往往只用半小时左右就能解决困扰多年的问题，所以没人认为这是额外的负担。老师们都成了心理医生，整个学校的合作气氛也得到了明显加强，大问题几乎不存在，只有一些小问题还需要继续解决。老师们学会理解人格的统一性，以及行为表现的一致性后，如果日常教学中出现了问题，他们就知道该怎么解决。所以我希望所有老师都能得到培训，那心理医生就没有存在的必要了。

比如，班上有个懒孩子，老师就会提议大家一起讨论下懒惰的问题。他在引导大家讨论时会问："懒惰是怎么来的？""为什么有人会犯懒？""懒孩子为什么改不了自己的毛病？""哪些性格非改不可？"同学们在讨论之后会得出结论。懒孩子并不知道自己就是大家讨论的对象，但他会意识到自己身上有相似的问题，从而产生兴趣，他会在这个过程中学到很多。但如果别人将他对号入座，并指责他，那么他不仅一无所获，还可能会很抵制这种讨论。因此保证他和别人平等，或许就能改变他的想法。

没有人能比老师更理解学生的心灵，他们每天都和学生相处，也见过各种各样的学生，所以老师只要采取合适的方法，就能和每个学生建立良好的关系。学生在家庭里形成的错误会继续下去还是能得到纠正，就要看老师的能力了。老师和母亲一样，是守护人类成长的天使，他们所做出的贡献是无法估量的。

第八章

青春期

第一节
青春期心理及生理特征

关于青春期的书数不胜数，但几乎所有书里都有一个相同的观点：青春期充满了危险，稍有不慎，孩子就会性格大变。青春期的确有很多危险，但不至于改变一个孩子的性格。成长中的孩子进入青春期，会面临诸多新的环境和新的考验，他们感觉自己马上就要接触真实的社会生活了。到了青春期，孩子们以前从没显露过的错误态度就开始暴露了。其实，这些错误态度一直都有，敏锐的人能看得出来。只有以前没有觉察出来的人，才会说青春期会让孩子性格大变。

对绝大多数孩子来说，青春期最重要的一点就是，他必须证明自己不是孩子了。我们也许能向他证明当然是这样。如果我们做到了这一点，他就不会那么紧张、冲动、抗拒了；如果他极力想证明自己已经长大了，就会做出过激的行为。

青春期的很多行为都来自表现欲，孩子会用行为证明自己已经独立了，可以与人平等相处，证明自己有了男子气概或有女人味。他们采取什么样的行为，取决于他们是怎样理解"长大"的。

如果他们认为"长大"就是不受约束，那他们就会反抗各种管教。很多孩子从这时起学会了抽烟、骂脏话、深夜不归。有些孩子突然开始顶撞父母，以前很乖、很听话的孩子，忽然变得叛逆，让父母大惑不解。实际上，他们的性情并没有大变，可能一直都有反抗情绪，只是现在他们有了更多的力量和自由，所以敌意也就表现出来了。

有个经常遭受父亲打骂的孩子，小时候表现得很安静顺从，其实他一直在等待着复仇的机会。当他感觉自己有了力量之后，就借机向父亲寻衅，被父亲打了一顿之后离家出走了。

大部分孩子进入青春期后会拥有更多的独立和自由，父母认为没必要再严加看管了。如果父母依然管得很严，孩子必然会激烈反抗，父母越想证明他们还小，他们越反抗得厉害。孩子在反抗父母的过程中会出现一种态度，这就是典型的"青春期拗逆症"。

我们无法精确界定青春期的时间段，一般来说，青春期是指14—20岁这段时间，但有些孩子在十一二岁时就进入青春期了。进入青春期后，身体的所有器官都会加速成长和发育，有时候，各部分器官之间会出现不协调的情况。

孩子的身高越长越高，手脚也越来越大，但可能没有小时候灵活了。他们需要加强锻炼来提高身体的协调性，如果他们在这个过程中受到了嘲笑和批评，就可能会认为自己真的很笨。所以我们经常见到有些孩子被嘲笑后，真的变笨了。

内分泌腺也在影响孩子的发展，它们的分泌只是加强了，不是说以前没有分泌。内分泌腺的活动在婴儿期就很活跃，但青春期会更活跃，分泌的激素比以前更多。在激素的作用下，第二性征开始出现，男孩儿长出胡子，声音变粗了；女孩儿的体形变得丰满，有了女人的魅力。这些都是让青少年感到迷茫的事情。

第二节
青春期的挣扎

有些孩子还没有准备好迎接成年生活，在面对越来越迫近的工作、社交、恋爱、婚姻问题时会感到恐慌，不相信自己能解决这些问题。他们会害怕社交，变得内向、害羞，有的甚至会将自己孤立起来，甚至躲在家里不出门。有的人不敢面对工作问题，对任何工作都没有兴趣，而且认为自己干什么都不行。面对爱情和婚姻，有的人会感到害羞和窘迫，他们害怕见到异性，和异性说话也会扭捏不安、面红心跳，不知道说什么。

这些孩子会越来越绝望，最后，他们对生命三大问题的理解完全错误，而其他人都不知道他们到底怎么了。这些孩子不再关注别人，不和别人说话，也不听别人说什么。他们无心学习、工作，只会沉迷于幻想，或者进行一些扭曲的性行为。这就是所谓的"早发性痴呆"。

实际上，这种症状并不是病，只是生活态度出现错误。如果我们能鼓励他们，向他们证明这种生活毫无意义，并指出正确的生活方式，他们就能痊愈。但是要纠正他们的错误想法很不容易，因为这种想法是他们在成长中养成的，和过去的生活有着千丝万缕的联系。想要改变他们的态度，就要让他们重新认识过去、现在和未来的意义。在这个过程中，让他们树立科学的态度极其重要，他们不能只从个人角度来看待生活，否则毫无成效。

青春期的各种危险都是源于孩子没有学会如何应对生命的三大问题。孩子如果害怕未来，自然就会采取最不费力的应对方式。然而，这些方式虽然不费力，但根本没有好处。孩子越是受到命令、劝诫、批评，就越会感觉自己站在悬崖边上。我们越推他前进，他越是想往后退。我们只能鼓励他，其他的教育方式不仅很难达到效果，而且还有可能伤害他。因为他非常悲观、非常恐惧，我们不能指望他通过自己的努力摆脱这些枷锁。

有些孩子希望永远保持童年的生活，希望自己永远长不大，他们会用娇声娇气的小孩语调说话，或者和比自己小的孩子一起玩，假装自己还是个小孩，但大部分青少年会仿效大人的行为。他们可能没有真正的勇气，所以会刻意模仿大人，比如刻意模仿大人的腔调，大手大脚地花钱，挑逗异性并和异性偷情。

情况更糟的是，如果青少年还没有找到解决生命三大问题的正确方式，就已迫不及待地想要证明自己，那他可能走上犯罪道路。以前犯过错而没有被发现的青少年，会觉得自己很聪明，认为自己不会暴露，这种青少年更容易走向犯罪。

犯罪可以轻松逃避生活问题，特别是青少年在面对经济问题和谋生问题时，会很容易选择错误的方式。有数据显示，14—20岁之间的少年犯数量比其他年龄段的罪犯数量都多。在这里，我要再次强调，青少年犯罪，并不是因为他们的思想忽然发生了变化，而是他们一直都有不良思想，青春期的压力很大，使得他们的不良思想显露了出来。

如果青少年的心里很压抑，那他逃避生活问题的方式可能是患上神经病。在青春期，很多孩子都会患上功能性疾病或者精神失常。其实，孩子出现神经病症状，只能说明他们在逃避生活问题，他们选择的这种方式不会降低自己的优越感。生活问题给青少年带来了很大的压力，而青少年对压力又极其敏感，他所有的器官都会受到压力的刺激，神经系统一定会受到影响。

生病经常会成为人们逃避生活的理由。这些病人都犹豫、失败过，现在有了症状，正好可以把症状当成借口，所以不论是面对别人，还是在内心深处，他们都认为自己确实病了，这样就不用负担太多了。

所有的神经病患者都有强烈的愿望，他们很清楚要有正确的社会情感，明白要正确面对生活，但又会说自己无法做到这些，理由就是自己有神经病。他们的生活态度就是："我也很想解决自己的三大问题，但我有病，这真让我无能为力。"在这一点上，他们和罪犯完全不同。罪犯的社会情感也很麻木，但他们一般都会毫无顾忌地表现自己的恶意。

我们很难确定哪种情况对人类利益更有害，神经病的动机是善良的，罪犯的动机则是恶意的，他们也在极力压抑自己残存的社会情感。但抛开动机不谈，他们的行为都很自私、很惹人厌，只会破坏人际合作。

很多青春期出现问题的孩子都曾经被娇惯过。他们在人工温室里长大，习惯了"衣来伸手，饭来张口"，初次接触外界却发现外面寒冷刺骨，感觉即将到来的成人生活是一种重担。他们依然希望继续受到娇惯，但他们长大了，自己不再是别人关注的中心了。于是，他们认为生活愚弄自己、背叛自己。很多本来很有前途的孩子这时出现了明显的退步，而原来天分不如他们的孩子竟然超越了他们，表现出惊人的才华。

这其实并不矛盾，他们的生命轨迹已经预示了这种变化。以前优秀的孩子受到人们的期待，很害怕辜负别人，这种期待给他们造成了很大的压力。这些压力在他们小时候还是激励他们上进的动力，那时有人夸奖他们、帮助他们，所以他们一直沾沾自喜。可是随着年龄增长，周围的人渐渐不再对他另眼相看了，他忽然感到别人的期待消失了，这些压力压得他失去勇气，自然就落后了。

另一些孩子在青春期获得了独立和自由，他们看清脚下的大道非常有利于实现自己的抱负，所以备受鼓舞。他们心里有了新的想法和规划，创造力就随之有了明显提高，从而开始关心生活的各个方面，明确自己的发展方向。他们都是青春期的勇敢者，对于他们而言，独立并不意味着困难和失败，而是意味着有所成就、有所奉献。

进入青春期，以前受到冷落、忽视的孩子开始和更多的人接触，所以也有了受到赞赏的渴望。很多人都想受到赞赏，如果男孩儿一心追求赞赏，那他会出现各种问题；而女孩儿一般都缺乏自信，她们更会把别人的赞赏当成证明自己的唯一方式。这类女孩儿很容易被油嘴滑舌的男人欺骗。

我见过很多受到欺骗的女孩儿，她们和男人第一次发生性关系不只是为了证明自己长大了，更是因为在家里缺少应有的赞赏。她们希望用这种方式来获得赞赏和关注。

举个例子，有个15岁女孩儿，家里一贫如洗，雪上加霜的是，她有个从小就体弱多病的哥哥，需要母亲格外的照顾。这个女孩儿出生后，没有得到太多的关心。祸不单行，她的父亲在她很小的时候也病倒了。母亲又要分心照顾父亲，对她的爱自然更少了。

这个女孩儿眼睁睁看着别人受到关心，而自己受到了冷落，所以也很希望得到关心，但是家里根本满足不了她的心愿。后来，母亲又生了一个妹妹，父亲的病也好了，所以母亲的爱全部转移到了妹妹身上。

正因为如此，这个女孩儿感觉自己是唯一没人疼、没人爱的孩子。她小时候就很勤奋，在家里能帮大人的忙，在学校里也是好学生。因此，父母期待她能有更好的未来，就让她升入了另一所学校。可是，这所学校里的老师不了解她，她也不适应这里的教学方法，学习成绩开始落后了。老师不免批评她几句，这更让她痛苦。她太渴望得到别人的赞赏了，可是在家里和学校都得不到，她会怎么办呢？

她到处寻找可以了解自己的人，后来她离家出走，和一个来往过几次的男人同居了 14 天。家里人担心极了，到处找她。她很快发现自己还是没被了解，并后悔自己做出了荒唐事。她想到了自杀，给家里寄了一张字条，上面写着："别为我担心，我已经喝了毒药。我很快乐。"事实上，她根本没有服毒，她这么做的原因也容易理解。她明白父母还是爱她的，觉得自己能赢得他们的同情，所以她没有自杀，只是希望父母能找到她，把她带回家。

如果这个女孩儿也能明白自己渴望的只是被人赞赏，就不会做出这种事了。如果后面的那位老师能理解这一点，也能及时阻止这场风波。这个女孩儿以前的学习成绩非常好，如果之前的老师能理解她注重的是赞赏，对她多加关怀，就不会让她受到欺骗、灰心绝望了。

再举个例子，有个女孩儿的父母性格都很软弱，母亲一直想要儿子，生了她之后很失望。她多次听到母亲对父亲说："这个女孩儿不讨人喜欢，长大以后肯定没人喜欢她。""她长大以后可怎么办呢？"在这种不良氛围中度过十多年后，她看到母亲朋友的一封来信，信中是安慰母亲的话，说母亲还年轻，虽然现在只有一个女儿，但还有机会再生个儿子。我们不难想到这个女孩儿当时是什么感觉。

几个月后，她去乡下看望一个叔叔，在那里，她遇到了一个智力不高的小伙子，两人迅速确立了情人关系。后来，那个小伙子离开了她，但她越陷越深。她后来有了好几个情人，但仍然感觉不到足够的关注。

她来看病的时候，说自己得了焦虑症，不敢一个人出门。这说明她用原来的方式仍感觉不到满足，又在使用新的方式了。她身体有病，家人肯定会操心。除非让她走出悲观的阴影，否则根本没办法治好她。她经常哭闹，还自杀过，把家里闹得乌烟瘴气。我们很难让她明白患病的原因，也很难让她相信她把别人的关注看得太重了。

第三节
青少年的性萌芽

　　青少年经常过分重视性关系，想借此证明自己长大了，但往往做过了头。比如，有的女孩儿觉得母亲管得太严，就会和男人发生性关系，以此反抗母亲。她根本不在乎母亲是否知道，其实，母亲知道了反而更让她高兴，因为她认为这样可以让母亲担心。

　　我们经常看到有这样的女孩儿，和父母大吵一架后，就跑到街上和遇见的第一个男人发生关系。这些女孩儿一直都很乖，人们认为她们很有教养，真的很难相信她们竟然做出如此出格的事。我们应当理解，这些女孩儿并不是罪恶深重，只是有了错误的想法。她们认为自己地位低下，想提升自己的优越感，而这种方式是她们能想到的唯一方式。

　　很多被娇惯的女孩儿很难适应女性角色，在我们的文化中，人们总感觉男人比女人地位优越，所以女孩儿不想做女人，并会表现出"男性抗争意识"。比如，有的女性很讨厌男性，并会疏远男性；有的女性喜欢异性，但是和男性相处时会扭捏不安、说不出话来。这些女性都不愿意参加有男性的聚会，提到性时，也会感觉非常不自在。她们年龄大了，也会着急结婚，但她们不会接近异性，也不会交异性朋友。

我们发现，青春期的女孩儿对女性角色的反感最为强烈，她们此时的行为最带男孩儿子气。她们会模仿男孩儿子，而且更容易模仿他们的劣迹，比如抽烟、喝酒、骂脏话、搞小帮派、进行混乱的性行为。她们认为不这样做就没有男孩儿子喜欢。

她们对女性角色的反感进一步发展，就会演变成同性恋或性变态，她们甚至还会卖淫。所有的娼妓都有根深蒂固的想法，她们从小就认为没人喜欢自己，她们相信自己生来就比别人地位低，自己不会赢得男人的真心。不难理解，她们一直对女性角色有这种自暴自弃的想法，她们只会贬低自己的价值，认为性不过是赚钱的工具。

对女性角色的贬低并不是从青春期开始的，她们很小的时候就开始讨厌自己的女性身份了，只是她们那时没有表现这种厌恶的机会罢了。

不是只有女性才有"男性抗争意识"，男孩儿若是高估男性的重要性，并将男性特质作为梦寐以求的东西，但自己又达不到理想标准时，也会产生这种意识。我们的社会太注重男性地位了，所以无论男孩儿女孩儿都会产生错误的想法，尤其是他们不能完全肯定自己的性别时更容易有错误想法。

很多孩子长到很大的时候还不确定自己的性别，他们感觉自己的性别还会变，所以在孩子 2 岁左右，我们就应该让他们明确自己是男是女。比如，长得很像女孩儿的男孩儿会有心理障碍，陌生人经常会弄错他的性别，即使在家里，家人和朋友也会说："你真应该做个女孩儿。"这种男孩儿很容易把自己的外表当成缺陷，并且在面对恋爱和婚姻问题时感觉困难重重。

不确定自己能不能胜任男性角色的男孩儿，在青春期会有模仿女孩儿的行为，变成"娘娘腔"。他们会像个被娇惯坏的女孩儿，扭扭捏捏、娇声娇气，有种大小姐的性格。

孩子在四五岁之前就已明确了对异性的态度，在婴儿期就表现出了某些性行为。但是在孩子能合理表达情欲之前，我们不要刺激他们的性意识。只要没有刺激，他们的某些性行为就是很正常的，不必担心。比如，我们经常看到 1 岁左右的孩子喜欢摸下体，或者有性兴奋的现象，对此不用担心，不要强行让他们改掉不良习惯，而是要转移他们的注意力，让他们少关注自己的身体，多关注周围的世界。

如果他们很难改掉这种行为，就是另一回事了。我们可以断定，他们一定有其他目的，而不是性欲太强。一般来说，他们是在用这种行为获取别人的关心。他们的观察力很强，只要发现自己的这种行为让父母担心、害怕，就会一直用这种行为。小孩都会快速明白如何控制自己的父母，只要他们发现自己的行为不能吸引父母注意，自然就会放弃。

我经常强调，不要刺激孩子的性欲，可是，大多数父母都避免不了。比如，父母都经常会通过搂抱和亲吻孩子来表达自己的爱，我们应该知道这是不正确的，会激起孩子的性欲，特别是青少年更不能受到强烈的刺激。

青少年和回忆青少年时期的成人经常告诉我，他们在父亲的书房发现色情图书和电影后会有很强的性欲。他们本不应该接触这类东西的，如果他们没有受到刺激，就不会出现问题。

前面说过，还有一种不当的教育方式，就是传授给孩子没必要的或者不符合他们年龄的性知识。好像很多大人都很热衷于传授性知识，他们担心孩子长大后对性一无所知。但是看看我们自己和别人，过去也没有了解过什么，但是成人后仍然很正常。所以我们要等孩子感到好奇，想了解后，再去给他们讲解。如果父母很留意孩子的举动，即使孩子没有问，也会发现他对性产生了好奇心。如果孩子将父母当成朋友，向父母提问，这时，父母要用孩子能理解、接受的方式回答他的问题。

另外，父母要避免和青春期的孩子发生过于亲密的行为。如果条件允许，孩子最好单独睡一个房间，不要和父母睡在一起，更别说睡一张床了。而且孩子们也要有各自的房间，不要让他们和兄弟姐妹睡在一起。

　　父母应当密切注意青春期的孩子的发展，不能掉以轻心。父母如果不懂孩子的性格和生理现象，就不知道哪些东西会影响孩子，也不会知道它们是怎样影响孩子的。

第四节
正确认识青春期

几乎所有人都对青春期有一种迷信，认为它是一个很特别、很神奇的阶段，仿佛孩子发展到这个阶段，会彻底发生改变，就像更年期一样。但实际上，并不是孩子彻底变了个人，只是他们以前的生活态度突然显露出来了。青春期不是断层，而是以前生活的连续发展阶段。青春期的各种现象也没什么大不了的，值得注意的是孩子在这个时期想得到什么，他们认为这个时期有什么意义，以及他们面对生活的态度。

遗精、月经刚出现时，孩子往往会很害怕，就像见了妖魔鬼怪一样。如果我们正确理解他们，就会知道青春期的生理情况并不是影响他们的根本原因，只是社会环境要求孩子改变自己的生活态度。但是青少年往往会认为自己的大好年华结束了，自己没有任何价值和尊严，不能再像以前那样合作和奉献了，没人需要他们了。青春期的一切问题都来自这些感觉。

如果孩子已经学会将自己看成和别人平等的人，知道自己要在哪些方面做出贡献，特别是知道异性之间可以平等相处，那么青春期就会给他们制造机会，让他们独立而富有创造性地解决成人世界的问题。

如果他们对这些问题的认识比较浅薄，或者抱有错误的看法，就无法好好享受青春期的自由。如果他们在做必须做的事时还需要别人的推动，缺少别人的关注就会胆怯、退缩，那么说明他们习惯了服从别人的意愿，自己还没有学会独立，在自由的环境中反而不适应了，这样的孩子往往会失败。

第九章

犯罪与预防

第一节
犯罪心理

　　个体心理学让我们明白人可以分成很多种类型，但是，人与人之间并没有太大的差别。比如，罪犯的行为其实和问题儿童、神经症患者、精神病患者、自杀者、酒鬼、性变态者属于同一类型。他们都没有处理好生命的三大问题，而且犯了一个完全相同的错误，就是社会情感方面都不及格。尽管他们的这个问题很明显，但也不是和普通人完全不一样。没有人能完美地与人合作，也没有哪个人的社会情感无可挑剔。这些问题人人都会有，只是罪犯的问题更严重而已。

　　要理解犯罪心理，还必须了解一点，在这一点上，我们和罪犯完全相同：我们都希望克服难题。所有人都想达到强大、优越、完美的目标，约翰·杜威①教授把这种追求叫作安全感

────────────

① 约翰·杜威（John Dewey, 1859—1952），美国著名哲学家、教育家、心理学家，美国实用主义哲学的重要代表人物，现代教育学和机能主义心理学的创始人之一。著有《哲学的改造》等。

需求，这是非常正确的。此外，还有人称之为自我保全需求。不管叫什么名字，我们在所有人的身上都能发现这种追求的方向：从地位低下到地位优越、从失败到胜利、从低沉到高昂。从儿童出生，人就有了这种追求，并且会一直延续到生命的结束。人活着就是要想尽一切办法生存、克服困难、取得成功，所以我们也会在罪犯身上发现相同的追求。

罪犯的各种行为和态度都会表现出他们的优越感目标，他们的犯罪行为就是在克服困难、解决难题。他们和普通人的区别，并不是他们的优越感目标有问题，而是追求优越感的方式出了问题。看看他们选择的错误方式，就能明白他们不理解社会生活的要求，没有学会关爱别人，如此也就能理解他们的行为了。

我要特别强调这一点，因为很多人不是这么认为的。他们认为罪犯是特殊群体，和普通人完全不一样。例如，有些科学家宣称所有的罪犯都有智力问题；有人认为罪犯是遗传决定的，罪犯生下来就有犯罪动机，忍不住要犯罪；还有人认为罪犯不会悔改，一日为盗，终身为盗，他们一定会不断犯罪。现在有很多证据可以反驳这些观点。更重要的是，如果我们接受了这些观点，就无法有效解决犯罪问题了。

我们想尽快结束这一社会灾难，消除社会上的犯罪问题。历史告诉我们，犯罪是无法杜绝的。但我们不能满足于"都是遗传造成的，没办法改变"这一说法而无所作为。

　　不管是环境还是遗传，都不会将人塑造成一个罪犯。在同一个家庭中长大的孩子会有不同的发展。有的罪犯来自清白的家庭；有些家庭不断有人被关进监狱，但他们的孩子往往品行很好；有的罪犯会痛改前非。就连犯罪心理学家都很难解释，为什么有的罪犯到了30岁忽然金盆洗手，变成了一个优秀公民。

　　如果犯罪倾向来自遗传，或者来自罪犯的生活环境，那就无法解释以上事实了。可用我们的观点来看，就很容易解释。也许罪犯的处境变好了，他过上了幸福的日子，没有必要再犯罪了；也许他不再受到某种压力了；也许他原来错误的生活态度得到了纠正；也许他已经得到了自己想要的东西。当然，也可能是因为罪犯变老、变胖，关节发硬，手脚不灵活，已经不适合犯罪了。

　　有人认为罪犯都是疯子，我必须反驳这种观点。当然，确实有疯子会犯罪，但他们的行为性质完全不同。疯子、精神病患者犯罪后，我们不能给他们定罪，因为他们完全不懂什么是犯罪，也无法控制自己的行为。而且，他们犯罪的原因可能是我们不理解他们的心理，在对待他们时用了错误的方式。

　　同样的道理，我们也不能将智力低下的人算作罪犯。这些人犯罪只是充当别人的工具，那些教唆他们、利用他们的人才是真正的罪犯。这些幕后主谋往往会描绘出一幅极其诱人的画卷，让智力低下的人产生贪婪和想象。主谋们躲在幕后操纵犯罪过程，牺牲这些智力低下的人，自己就可以免于受罚。青少年被成年惯犯利用的情况就是如此，策划犯罪的人经验丰富，青少年的犯罪行为就是受到其诱导。

第二节
罪犯的合作精神

罪犯都有一个共同点，都在努力达到自己的目标，在追求成功。当然，任何人都有这个特点。罪犯的目标有很多种，这些目标都是在追求个人的优越感，但他们的优越感对别人没有意义，也就是对别人没有贡献。

社会需要成员互相合作，需要我们有所奉献，我们也会各取所需，所以我们会发展出合作能力。但罪犯只是在获取对自己有益的东西，他们的行为对别人毫无益处，这是犯罪行为最突出的一个特点。后面我们会研究这是怎么形成的，这里要说明的是，如果我们要了解犯罪心理，就要找出罪犯合作能力缺失的程度和性质。

罪犯的合作能力各不相同，有的严重缺乏，有的只是轻微缺乏。比如，有的人犯下罪行很小，他们会约束自己，有的人却会犯滔天大罪；有的是主谋，有的是从犯。为了理解犯罪的不同特点，我们必须深入研究罪犯的生活态度。

一个人的生活态度很早就形成了，每个人在四五岁的时候就已大致形成了自己的人生观。因此，有句话是"江山易改，本性难移"，每个人的人格都很独特，想要改变自己的性格、态度是很难的。人们只有明白自己是怎样形成这些错误思想的，才能纠正它们。

正因如此，很多罪犯被惩罚过无数次，受尽屈辱和鄙视，丢掉了社会生活的各种权利，却仍然不知悔改，还会继续犯同样的罪行。

促使他们犯罪的，并不完全是经济因素。当然，在世道艰难、生活困苦之时，犯罪案件会直线上升。统计结果显示，犯罪案件和小麦价格呈正相关，小麦价格上涨，犯罪人数就会增多。经济萧条会导致很多人失业，他们的合作范围受到限制，就不能做出贡献了。失去与人合作的机会，人们就可能会走上犯罪道路。所以，经济状况并不会直接导致犯罪。

我们还能看到，很多人在生活条件良好的时候不会犯罪，一旦出现让他们无法应对的问题时，就开始犯罪了。这说明他们的生活态度有问题，也就是说他们没有学会正确应对问题。

在个体心理学的研究过程中，我们发现了一个很简单的事实，就是罪犯从来不关注他人。他们的合作能力很有限，一旦超过限度，就会犯罪。只要无法解决问题，他们就不会与人合作了。我们都要面对的生命三大问题，就是罪犯不能有效解决的问题。

个体心理学将生命问题分为三类，第一类是我们和其他人的关系问题，也就是友谊问题。罪犯当然也会有朋友，但大多是些狐朋狗友，他们拉帮结伙，彼此也能两肋插刀。但是，我们也能清楚地看到，他们的友谊范围很窄，并且不会和普通人交朋友。他们把自己当成了社会外的成员，不知道如何与普通人从容相处。

第二类问题就是职业问题。问起工作时，很多罪犯会说："你不知道工作有多辛苦。"他们觉得工作充满了艰辛，不愿意像别人那样克服工作上的难题。一份有意义的工作意味着关心他人、奉献社会，而这正是罪犯人格中所缺乏的。罪犯很小的时候就没有培养出合作精神，大部分罪犯都没有准备好应对工作问题，而且都是不学无术、没有一技之长的人。看看他们小时候，你就能发现，他们在学生时代或者在上学之前就没有学会与他人合作。要解决工作问题，必须先学会合作，不过这不能怪罪犯，这是他们生活的环境造成的。他们就像没有学过地理的人，工作就像让他们参加地理考试，他们一定会答错，甚至交白卷。

第三类问题就是爱情问题。美满的婚姻需要双方一起合作，需要双方彼此关爱。有数据显示，有一半罪犯在进监狱前有性病，这很说明问题，他们把爱情看得太简单了。他们经常把爱情的对象看成一笔财产，认为爱情是可以买来的。对他们来说，爱情生活就是征服、占有，他们和爱情对象的关系是占有关系，而不是伴侣关系。

很多罪犯会说："如果我不能得到我想要的东西，那活着有什么用？"从这里可以看出，要纠正罪犯的错误，就必须让他们学会合作。社会必须惩罚罪恶，但只监禁他们对此毫无用处，他们被释放后还是会对社会造成威胁。我们不禁要问："他们还没有学会融入社会，我们该怎么办？"

罪犯在所有方面都缺乏合作精神，这可不是小问题。我们的生活每时每刻都需要合作，我们与他人的合作程度会体现在听、说、看的方式中。我们可以猜到，罪犯听、说、看的方式都和普通人不一样。

罪犯的说话方式和普通人明显不同，我们可以认为，这种差异妨碍了他们理解别人的能力。我们在说话时，总会希望别人能理解我们。理解本身就是一种合作过程，我们给予语言一种共同的解释，我们所理解的信息应该和他人所理解的信息是一样的，这样才能交流。但罪犯不一样，他们有自己的逻辑和理解方式。我们可以在他们解释自己的罪行时看到这一点。

罪犯的逻辑和智力都没有问题，如果我们能理解他们的优越感目标，就不会觉得他们的犯罪动机很荒谬。有个罪犯说："我看见那个人穿了条很漂亮的裤子，但我没有，所以我要杀了他。"这看起来非常不符合正常人的逻辑。但是，我们先假设那条裤子对他很重要，他的优越感目标也不是对他人有用，那么他有这种想法就很正常了。

最近，匈牙利有个轰动一时的案件，几个妇女犯下多次投毒罪。其中一个罪犯在被关进监狱时说："我儿子病得奄奄一息了，我不得不毒死他。"她不愿再和儿子合作了，除了杀死儿子别无他法。照她的逻辑看，她也是没问题的，只是看问题的角度不同于常人。

因此，我们可以理解，罪犯在见到好东西后，也会像普通人一样渴望拥有它，但他们对这个世界不感兴趣，认为这个世界充满敌意，所以才会下手去抢。他们的世界观有严重的错误，他们认为自己最重要，别人都不重要。

在研究罪犯的合作精神时，这种逻辑并不是他们的主要特点。重要的是，所有的罪犯都是懦夫，他们在逃避自己不能解决的问题。我们从他们的生活态度中可以看到懦弱的本质，而他们在犯罪时更是有懦弱的特点。

他们会事先躲在黑暗中或墙角边，行凶时突然跳出来吓唬别人，在对方自卫前先掏出武器。罪犯可能以为自己很勇敢，但我们可不这样认为，他们的犯罪过程就是懦夫在模仿英雄。他们为了实现虚幻的优越感目标，像英雄一样"十步杀一人，千里不留行"。当我们向罪犯捅破这种充英雄的行为很幼稚时，他们往往会大吃一惊。

调查罪犯们的履历会发现，他们都有犯罪后躲过惩罚的经历。他们会因逃过了警察的追捕而沾沾自喜，觉得实现了优越感目标，自认为很了不起，虚荣心也会跟着迅速膨胀。如果他们漏网了，会想："他们永远抓不到我。"而一旦被捕，就会想："这次我不够机灵，下次我可要机灵点。"

罪犯们都是这样判断自己的勇气和机灵的，所以纠正他们的这种观点很重要，但我们应该从哪里入手呢？我们可以在家庭、学校中进行教育，预防犯罪，也可以在监狱里进行教育，后面会讨论最佳的切入点。

第三节
合作的重要性

现在看看为什么罪犯欠缺合作精神。

有时候，父母必须承担教育失职的责任。也许母亲能力不足，不能让孩子和自己合作；也许她为人很强势，孩子不愿意和她合作；也许她自己就没有合作能力。

我们在那些关系紧张或破裂的家庭中，常会看到孩子的合作精神并未得到充分发展的现象。实际上，孩子与母亲的联系是第一次同别人获得联系，可母亲却不愿把孩子的社会兴趣扩展到孩子的父亲、其他孩子与其他人身上。这样，孩子的合作精神在早期就受到阻遏。

另外，如果这个孩子是长子，但在他三四岁的时候，家里又生了一个孩子，他感觉自己的地位突然降低了，也会拒绝和母亲或新生儿合作，这些都是要考虑进去的因素。看看罪犯们的早年经历，几乎总能发现，他们在婴幼儿时期就出现了问题。他们的家庭环境虽然不一定让他们走向犯罪，但是他们会从中得出错误的结论，也没有人及时开导他们。

家里有一个天分很高的孩子，其他孩子也许就会出问题。因为这个孩子会受到更多的关爱，其他人活在他的阴影里，不是缺少关爱，就是被压得喘不上气来。他们不会更好地合作，因为他们想竞争，却没有信心能赢。我们经常发现，这些光芒被掩盖的孩子不知道怎样发挥自己的才能，他们的成长过程中充满了悲观。这些孩子可能发展成罪犯、神经症患者或自杀者。

在上学的第一天，我们就能看出哪些孩子缺乏合作能力。他们可能不会和同学交朋友，讨厌老师，上课也不注意听讲。如果老师不明白他的问题出在哪里，不能用正确的方式对待他，他就会更加自暴自弃。人们不仅没有鼓励他，教他合作，还总是责骂、嘲笑他，那他自然会认为上学很痛苦。如果经常打击他的能力和信心，他肯定不会对学校生活感兴趣。

我们经常在罪犯的履历中看到，他们都13岁了还在上四年级。一定会有人骂他们笨，他们的人生也就毁了，会更加漠视别人，优越感目标自然会转向对社会没有意义的一面。

贫穷也很容易让人误解生命的意义。家境贫寒的孩子不仅会遭到别人的歧视，家里的条件也会让他们绝望悲观。他们需要和饥饿、疾病做抗争，很小的时候就出去赚钱养家，成长历程就像熬鹰一样。在成长过程中，他们会看到很多有钱人，那些人想买什么就买什么，他们会想自己为什么就没有人家的实力呢？

大城市里的犯罪案件特别多，因为这里贫富差距很明显，犯罪的动机就是忌妒。忌妒并不会让人乐于奉献，而是容易让人产生错误的想法，认为不劳而获才能获得优越感。

自卑感也可能来源于身体缺陷，这是我的一个研究发现。很遗憾的是，这项发现竟然为神经学和精神病学中的遗传理论做了铺垫。其实，早在写关于身体缺陷引起的自卑及其心理补偿时，我就意识到了这种情况。这里要声明一下，身体缺陷不会直接导致自卑，导致自卑的是错误的教育方式。如果我们用对了教育方式，那些有缺陷的孩子也会学会关心别人。

身边没有人引导他们关心别人，这些有缺陷的孩子自然只会关心自己。很多人都有内分泌腺的缺陷，但内分泌腺正常的标准根本无法说得清。内分泌腺分泌激素量的范围很大，根本不会影响人格。所以这个因素不应该被考虑在内，尤其是我们想把孩子培养成乐于合作的人时，更应该丢掉这些旧观念。

罪犯中有很大一部分是孤儿，在我看来，没能让孤儿学会合作真是我们社会的一大耻辱。私生子也占了很大比例，被遗弃的孩子也会变成罪犯，尤其是在他们知道自己没人要的时候，因为没人和他们产生联系，让他们学会爱人、关心人，并将爱转移到其他人身上。

罪犯中还有长得丑的人，常有人用这个事实证明遗传的重要性。但是，请站在他们的角度想一想，你长得丑会有什么感觉？他们的情况很糟糕，也许他们是混血儿，父母可能来自外貌难看的民族或者遭到歧视的民族。这类孩子因为长得丑，一生都会承受重压，他们甚至都没有快乐美好的童年。

如果用正确的方法善待这些孩子，是可以培养出他们的社会情感的。

此外，有趣的是，在罪犯中间还能找到一类人，他们拥有非常漂亮的脸蛋。如果长得丑可以解释成不良遗传特质的牺牲品，那怎么解释这些美丽帅气的罪犯呢？其实，他们生活在另一种环境中，这种环境也很难培养出社会情感——他们都是被娇惯坏的孩子！

第四节
罪犯类型

罪犯可以分成两类。一类罪犯根本不知道爱是什么东西，从来没有感受过爱。他们对别人心怀敌意，认为别人都是敌人，因此也不会发现有人欣赏他们。另一类罪犯就是被娇惯坏的孩子，我常在囚犯的辩解中看到他们说："我犯罪的原因是妈妈太爱我了。"这里只强调一点，虽然罪犯所处的环境不一样，但都是没有接受正确的教养，没有学会合作。

大多数父母都想把孩子培养成有用的人，但他们并不知道正确的教育方式。如果父母严厉苛刻、盛气凌人，教育子女肯定会失败；如果父母娇惯孩子，把孩子当成掌上明珠，就会将孩子教得以自我为中心。被娇惯的孩子认为自己最重要，因为不努力就能获得父母的青睐，所以不知道要靠自己的努力才能获得别人的称赞；他们总想受到重视，还向往小时候要星星给月亮的生活，所以特别容易失望、怪罪别人。

下面讲述几个案例，看看能否从这些罪犯身上找到上面所说的几个特征。

【例一】

第一个案例是谢尔顿和伊琳娜[①]合著的《500 罪犯生涯》中的"惯犯约翰"案。这个叫约翰的男孩儿叙述自己的犯罪生涯："我从没想到我会堕落到如此地步。一直到十五六岁，我都和其他的孩子一样，喜欢运动，经常参加比赛，也去图书馆看书，生活井井有条。后来，父母让我辍学了，他们要我去工作赚钱，还拿走了我的所有工资，每星期只给我 50 美分。"

这等于是控诉他的父母。如果我们能当面问他与父母的关系，看看他家的实际情况，就能发现他的真实感受。从这段话里，我们只能得出他的父母缺乏合作精神的结论。

"我工作大约一年后，开始和一个喜爱玩乐的女孩儿交往。"这个男孩儿继续说。

我们发现罪犯常会喜欢上一个女人，而这个女人大概率喜欢玩乐。我们说过，爱情会考验合作程度。糟糕的是，他爱上了一个爱玩的女人，而他每星期只有 50 美分。爱上这个女孩

---

① 谢尔顿·格卢克及其妻伊琳娜·格卢克，美国犯罪学家，哈佛大学教授。从 20 世纪二三十年代起格卢克夫妇便合作研究美国的犯罪问题，他们对在监和出狱的数千名罪犯进行了追踪研究。

儿，肯定会让他走上不归路。"那些年，即使在 N 镇，一周 50 美分也不够她玩乐的，可我爸爸就是不给我钱。这让我气得不得了，心里常想着怎么弄点钱。"他说，"如果我有足够的钱，肯定会做个好人，但我现在没钱。而且我讨厌工作，以后也绝不会工作。"一个正常的、善于合作的人会有理性，他会想办法找个更赚钱的工作，但这个男孩儿只想发横财。

"一天，我碰见了个男人，和他渐渐混熟了。"很多罪犯在走上犯罪道路时都会受到别人的引诱。对于合作能力正常的人来说，或许能经得住诱惑，但对于一个在这方面动过心思的人来说，情况就不同了。

"他是个聪明的小偷，很机灵，每次和他一起干都能得手，还能安全脱身。他很讲义气，会和我一起分钱，而且不会出卖我，所以我就一直干这行了。"罪犯在开始犯罪的时候，如果很顺利，就会继续犯罪。

这个男孩儿还承认，自己在 15 岁的时候就和异性发生了关系，肯定有人说他好色。其实，每个人都好色，这不是什么大错。他这么做实际上是在寻求别人的赞赏，他想让别人说他是个征服异性的英雄。为了吸引女孩儿的注意，他很重视外表，经常戴着宽边帽，胳膊上缠着红丝巾，腰里别着左轮手枪，而且自称"西部歹徒"。他为了把女孩儿搞到手，经常把偷来的钱花在女孩儿身上。可见，他很爱慕虚荣，希望别人把他看作英雄。在 16 岁时，他和一个同伙入室行窃时被当场抓获。他对所犯罪行供认不讳，而且还不时地说："我做过的案子比你们知道的多得多。"从他的话里，我们能看出别人的财产在他眼里根本不算回事。

"我不觉得活着有什么意思，我很鄙视过普通生活。"他的话说明他很悲观，他认为生活很没劲。他说："我经历过很多，渐渐不再信任别人。人们说小偷之间不会互相残害，但实际上不是这样的。我曾经对一个家伙很好，结果他害了我。"

"我犯罪都是有目的的，不是为了犯罪而犯罪。当然，我也会一时兴起，到某个地方干上一票，得手后就迅速离开。"他认为这是英雄干的事，而不是懦夫的行为。

"有次我被抓住了。当时我一心想着去看女友，为了换钱，就把身上价值四五千美元的珠宝掏了出来，结果被人认出是赃物，就被逮住了。"有很多罪犯都是在看望异性朋友时被抓住的。

"他们把我送进监狱里，这所监狱有学校。我打算进去好好学习，但不是为了改变自己，而是要让自己更能危害社会。"这表明他极端厌恶社会，将威胁社会作为自己的追求。

他还说："我就算有孩子也要掐死他。你想想，我把孩子带到这可恶的世界中不是在犯罪吗？"

要改造这个孩子，除了让他认识到合作的重要性和生命的意义外，根本没有别的办法。想要说服他金盆洗手，我们就要在他的早期记忆中寻找深层原因。他小时候肯定发生过什么事，让他对社会充满敌意。他家里一共三个孩子，我可以猜到，他应该是家里的长子，刚开始受到了娇惯，后来有了弟弟妹妹，就失去了父母的重视。很多人小时候就是因为有过这种遭遇，才导致合作能力没有得到良好发展。约翰还提及自己曾被送到一家感化院，他在那里受过虐待，自此他就对社会充满了仇恨。这里要说明一点，犯人会将监狱里受到的虐待看成一种挑战，认为这是一场力的较量。他们觉得自己被虐待是因为自己不够强大。罪犯在听到"有黑扫黑，有恶除恶；违法必究，犯罪必惩"时，会感觉这是在挑衅他们，他们想当英雄，喜欢和警察对着干。当一个人感觉自己在和全世界作战时，只要稍微挑衅就能激起他们反抗的情绪。

因此，我们在改造罪犯时，不应该用暴力压制他们，让他们觉得自己在和一股强大的力量对抗，这样只会激起他们的反抗，而不是将他们改造成好人。同样，我们在教育问题儿童时也要注意这点。如果我们用粗暴的态度对待问题儿童，他们也会认为这是挑衅，他们心里会想："看看咱们谁更厉害，看谁能撑到最后。"问题儿童的心理和罪犯差不多，都在追求"强大""机灵"，因为只有"强大"，他们才能反抗别人、伤害别人；只有"机灵"，他们才能逃脱法网。由此可见，狱警经常挑衅犯人，只会让他们变得更加想要危害社会。

【例二】

有个人残忍地杀害了两个人之后，被判处死刑。他在行凶前写下了自己的计划，在他的计划里，我们能看到罪犯是怎么策划犯罪过程的，还可以发现，罪犯在犯罪之前都会做计划，并且还会对犯罪行为进行合理解释。我们可以查阅那些犯罪记录，没有一个犯人只描述自己的犯罪过程，而没有为自己辩解的。

这令我们明白了，即使是罪犯，也会让自己的行为符合社会观念。只不过他们需要泯灭良心，破除自己的社会情感，然后才能实施犯罪。

在陀思妥耶夫斯基的小说《罪与罚》里，拉斯柯尔尼科夫有两个月都在床上辗转难眠，考虑要不要杀人。他一直问自己："我到底是拿破仑，还是只臭虫？"

罪犯都会欺骗自己，都会用幻想来麻痹自己、激怒自己。实际上，所有罪犯都知道自己的生活没有意义，也知道有益的生活应该是什么样的。但他们很懦弱，不敢想象自己会过上有意义的生活。要过上正常人的生活，首先需要学会合作，可他们从小就缺少合作精神。他们为了活得没有负罪感，就会想一个合理的解释，比如"喝醉了""我没有工作"等。

这个谋杀犯的计划是这么写的："我的家人和我脱离了关

系，我是个遭人唾弃的、没用的人。巨大的痛苦压垮了我，我没法再忍受了，不甘心被人抛弃。可是我经常挨饿，实在是没办法。有人说我迟早得死在绞刑架上，但我想'饿死和绞死有什么区别？'"从这段话里可以看出，他受到了冷落，便认为所有人都不值得怜悯。

另一个案件与此有一个相似点，一个孩子的母亲曾预言："我肯定，这个孩子总有一天会掐死我。"结果，这个孩子在17岁时虽然没有杀死母亲，但掐死了自己的姨妈。他母亲真的有预言的能力吗？不是，预言相当于对孩子的挑衅，在这个孩子的心里种下了恶毒的种子，如同上个案件中别人预言谋杀犯迟早死在绞刑架上一样。

谋杀犯的计划里接着写道："我根本不在乎怎么死，反正都得死。我活得真憋屈，没人愿意搭理我，连我喜欢的女孩儿子都躲着我。"他喜欢一个女孩儿，并想诱惑这个女孩儿，但他没钱，更别提好看的衣服了。在这个女孩儿面前，他肯定自惭形秽，但他又把这个女孩儿当成了一件物品，这就是他对爱情和婚姻的态度。

"反正生不如死，要么让我得到救赎，要么让我走向毁灭。"所有罪犯都会有这种极端思想。他们就像小孩一样，要么得到一切，要么毁掉一切，反正别人谁也别想得到。

"我选定星期四下手。我一直在等待时机，到了那天就做这件大事，这可不是每个人都能做的事。"他认为这么做是英雄行为。到了星期四，他拿刀捅死了一个行人，这的确不是每个人都能干得出来的。

"就像牧羊人驱赶羊群一样，我压抑的内心赶着我做出了残暴的行为。也许我很难再重新做人了，但我不在乎。最痛苦的事情莫过于饥饿，而且我还身患疾病，饿死才不划算呢。将来人们会审判我，这也让我心烦，不过犯了罪肯定要做出补偿，总比饿死强。如果我饿死了，就没人注意我了。要是处决我，那该有多少人会看我死去！也许还有人感觉很惋惜呢。哈哈，到时候我就有很大的名气和影响了！不过我从来没有这样恐惧过。"他根本不是自己想象中的英雄。

他接着写道："虽然我没有扎到要害处，但我还是杀了人，我相信我肯定要被绞死了。但可惜的是，那个人穿的衣服太好看了，我一辈子都没见过那么好看的衣服。"他不再说饥饿的事了，开始关注起了衣服。

"可是真的，我不知道自己到底怎么了，不知道自己在做什么。"他又开始辩解了。很多罪犯都会说出类似的话，这是想减轻自己的罪行。有些罪犯在行凶前会喝酒，看似在壮胆，其实是在麻痹自己，想为自己减轻罪过。这也说明罪犯的内心很挣扎，他们想破除社会情感的重重封锁。一个人只要突破了自己的底线，就会开始实施犯罪。

第五节
如何矫治犯罪行为

既然罪犯在追求一种虚幻的优越感，而且他们还没有学会合作，缺乏社会情感，那我们该怎么改造他们呢？其实，对待罪犯，就和对待神经症患者一样，最重要的是赢得他们的合作，其他方法根本没有效果。

但是，要想教会罪犯合作可不简单，我们不能用强硬的手段，也不能像哄孩子那样，更不能指出他们哪里错了，这些方式都不会达到效果。他们的态度很顽固，世界观已经形成很多年了，所以要改造他们，就得找到他们世界观的根源，也就是说，我们必须找到他们是在什么情况下开始产生错误思想的。

他们自从有了错误的思想，就会用自己的人生经历来加强自己的态度。如果一个人认为"每个人都利用我、羞辱我"，那他肯定能从自己的经历中找到相关证据，并且不会找相反的证据。罪犯都只关注自己，会选择自己需要的信息。因此，只有绕过他的人生观，绕到他从经历中得到的错误结论背后，挖掘他最早是怎么形成这种人生观的，才能攻破他的防线。

这也是肉体惩罚无效的原因。罪犯会把监禁看作社会敌视他们的证据，这只能加强他们的态度，不能赢得他们的合作。也许同样的事在学校里也发生过，他们没学会合作，学习不好，在班里总是捣乱，所以总是受惩罚。没人喜欢受到惩罚，所以他们没兴趣学习，也没兴趣和老师、同学共处。后来，他们开始逃课，躲到父母、老师找不到的地方。在那些地方，他们会遇到相似的孩子，这些孩子互相理解、互相赞赏，最后互相引诱，走上犯罪的道路。

我们没有任何理由放弃那些孩子，他们也应当有积极的生活态度和活下去的希望。所以我们应该调整教育、调整学校，让所有的孩子都有信心和勇气，这样阻止他们犯罪就很容易了。

肉体惩罚无效还有其他原因。很多罪犯不会珍惜自己的生命，有的甚至会自杀。肉体惩罚不会吓到他们，他们和警察对抗的意识更强，所以惩罚不会挫灭他们的锋芒。他们会认为狱警是在挑衅他们，而惩罚就是狱警的挑衅手段。如果狱警很残暴，他们就会更加硬气，要比一比谁更强大。他们会将惩罚看成一场赌博，惩罚越严厉，他们越想证明自己更机灵。所以很多被判电刑的罪犯会反复思考，比如作案时留下了哪些线索："要是当时没落下眼镜就好了。"

挽救罪犯的唯一方式就是找到他童年时发生了什么，这件事为什么能阻碍他合作能力的发展。对于所有罪犯来说，有一点很值得庆幸，那就是他们都有一定程度的合作能力，尽管他们的合作能力不能满足社会要求。缺乏合作能力，他们的母亲要负首要责任。作为母亲，很重要的一项任务就是教会孩子合作，可罪犯的母亲都没有做到这一点，这在前面已经说过了。

另外，父母总是在孩子面前抱怨生活不易、社会阴暗，也会影响孩子的心理，导致他们的社会情感不能得到良好发展。比如，父母在抱怨亲戚、邻居或者其他人时，一定会怒气冲冲，孩子听了之后就会感觉社会不公平、别人没道德，虽然也会为父母抱不平，但是他们对别人的看法已经扭曲了。就算这些孩子后来对父母也充满敌意，我们也不会感觉奇怪。

孩子的社会情感没得到良好发展，肯定会变得以自我为中心，他们会想："我为什么要对别人好？"他们没有学会正确解决生命问题的方法，肯定会变得懦弱，逃避就是懦弱的表现。他们不会勇敢地面对生活，只会感觉生活充满艰难，是一场艰苦的战争，而战争不是你死就是我活，所以他们伤害别人的时候根本不会在意。

下面举几个例子，看看这些人是怎么发展出犯罪动机的。

【例一】

有个家里的第二胎是问题儿童，他并没有遗传缺陷，很依赖母亲，想通过母亲得到自己想要的东西，所以他的社会情感没有得到良好发展。他的哥哥是家里的宝贝，他一直想在学习方面超过哥哥，但他根本赶不上哥哥，哥哥是优秀学生，而他是倒数第一。他经常表现出控制别人的欲望，比如命令家里的女仆，指挥她像士兵一样走正步。女仆很娇惯他，在他20岁时，还允许他像个将军一样指挥自己。

他很想有所成就，认为自己必须做出伟大成就，但他根本没有努力过。他经常向母亲要钱，也经常为此挨骂，关键是，他总能要到钱。后来，家里忽然为他举办了婚礼，这让他极其不适应。但他一想到自己比哥哥结婚早，心里就感觉获得了胜利。但他没有准备好面对婚姻，婚后的生活很不顺，两口子经常吵架。

后来，他的母亲老了，无法再像以前那样养他了，他为了赚钱，订购了一批钢琴，但他没有付钱就将钢琴倒卖了出去，结果进了监狱。在他的经历中，我们能从他的童年时期找到犯罪根源。他的哥哥一直掩盖着他的光芒，他就像小树被大树遮住了阳光那样，缺少认同和眼界。他一直感觉自己受到了冷落，没有哥哥那样的优势。

【例二】

有个 12 岁的女孩儿，很受家里人娇惯，很有雄心。但她很忌妒妹妹，无论在家里还是在学校，她都表现出对妹妹的不满。她总会留意父母偏心妹妹的举动，多给妹妹分了糖或者零用钱，都会引起她的忌妒。后来她偷了同学的钱，被发现后受到了处罚。不过，当这个女孩儿被带到我这里，我向她说明了她为什么会有偷窃的动机，她便不再忌妒妹妹了。我也向她的家人说明了情况，让她的父母尽力避免偏心妹妹，不要让她再有这种感觉。这已经是二十年前的事了，现在她发展得很好，已经结婚并有了孩子，也没有再犯过错。

从上面可以看出，有三类儿童很容易走上犯罪道路，即有生理缺陷的儿童、受娇惯的儿童、被冷落的儿童。

有生理缺陷的儿童认为自己生来就不是正常人，他们较难培养自己的社会情感，所以会更加关心自己。他们控制别人的想法也很强烈。比如，有个男孩儿求婚失败了，他感觉自己受到了侮辱，就教唆一个智力较低的男孩儿杀了他的求婚对象。受娇惯的儿童一直依赖父母，也没有学会关心他人。孤儿、私生子、残疾儿童和长得丑的儿童都会受冷落，受到冷落的儿童只会忌妒、憎恨他人，不会关心他人。所以我们在前面将罪犯分成了两类，概括起来就是长得丑被冷落型和长得俊被娇惯型。

下面再从费尔巴哈①所著的一本德语书中选几个例子，看看犯罪心理有什么特点。

【例一】

康拉德·K.和一个帮手一起杀死了父亲。父亲一向冷落他，对他极其严厉，而且把全家搞得乌烟瘴气的。有一次，康拉德在被父亲打的时候还手了，结果父亲把他送上了法庭。法官说："你的父亲实在是太恶劣了，真是没办法。"注意，这个法官很正常的一句话却种下了恶因。全家都想改善两人的关系，但是无计可施。

后来，父亲的行为更恶劣了，他把一个名声不好的女人带回家，把儿子赶出家门。康拉德认识一个残忍的工人，工人撺掇康拉德杀了父亲。康拉德刚开始还想着母亲，害怕母亲难过，所以犹豫着没下手。但是家里的情况越来越糟，经过反复琢磨，康拉德终于下定决心，在工人的帮助下，杀了自己的父亲。

在这个例子中，这个孩子没有将社会情感扩展到父亲身上。他一直依恋母亲，在杀死父亲之前都在考虑母亲的感受。

---

① 路德维希·安德列斯·费尔巴哈（1804—1872），德国哲学家。早年师从黑格尔，后建立"人本学"。主要著作有《黑格尔哲学批判》《基督教的本质》等。

他要杀死父亲就必须突破自己的社会情感，还要给自己找借口消除负罪感。工人的支持就满足了这两种需求，他由此走上了犯罪道路。

【例二】

玛格丽特·施瓦辛格，人送外号"用毒死神"。她在孤儿院长大，身材瘦小，身形很难看。在个体心理学看来，她一定渴求别人的注意。她感觉自己很卑微，逢人就会卑躬屈膝。她很想毒死别的女人，好得到她们的丈夫，她投过3次毒，但都失败了，几乎已经心灰意冷了。她有种被剥夺感，但想不到别的办法夺回"自己的东西"。

她为了留住那些男人，还装过怀孕，也曾以死相逼。很多罪犯都喜欢写自传，她也不例外，她在自传里写道："我每次做坏事都会想，没有人会为我难过，那么我为什么要为他们的不幸感到难过呢？"

从这句话里可以看出，她是怎样刺激自己犯罪的，又是怎样为自己开脱的。我们在倡导大家增强合作、关心别人时，经常会听到有人说："但为什么不让别人先关心我呢？"我的回答是："总得有人先开个头呀。如果别人不懂得合作，那不关你的事。我的建议是你先开头，不要管别人能否合作。"

【例三】

N. L. 是家里的长子，成长条件不好，有一只跛脚，他在家里像父亲那样照顾着弟弟。乍一看，好像他很有爱，但是他照顾弟弟很可能是出于优越感，为了证明自己有地位，从中可以获得尊严。后来，他把母亲赶出了家门，说："滚出去，你个老东西！"我们应该可怜这个孩子，他对母亲没有一点爱。

如果我们能了解他的早期经历，就可以看到他是怎么走向犯罪的。他后来很长时间都没有工作，手里没有几个钱，还染上了性病。有一天，他又没找到工作，为了少花点自己可怜的积蓄，就在回家路上杀死了弟弟。

从这里，我们能看出他为什么合作能力很差，他没有工作、没有钱，却得了性病。每个人都有自己无法承受的极限，只要超过这个极限，就会有异常行为，犯罪就是其中的一种结果。

【例四】

有个孩子从小就是孤儿，被收养后，受到养母的溺爱。他后来变得很坏，就是因为被惯坏了。他从小就有赚钱的想法，总想给别人留下深刻印象，还总想超过别人。他的养母鼓励他的想法，后来竟然爱上了他。

他成了一个大骗子，不择手段地骗钱。养父母本来是没落贵族，他也学着做出贵族派头。后来他花光了家里的钱，还把养父母从家里赶出去了。

　　不良教育和娇惯把他塑造成了一个坏蛋，让他无法接受正常的劳动。他把说谎当成了生命的意义所在，利用欺骗来战胜别人。养母极其喜欢他，这让他感觉自己有权得到一切，所以他会挥霍养父母的家产，还把养父母赶出家门。而他受到的娇惯又让他无法通过劳动养活自己，不会劳动的人都不会合作，所以他最终走上了犯罪道路。

第六节
预防犯罪

没有人天生就应该做个失败者，罪犯选择了错的人生道路，我们应该告诉他们这样为什么不对，还要教会他们关心别人、与人合作。如果全世界都认识到罪犯都很怯懦，那么孩子们就不会想着去犯罪、去当懦夫了。

罪犯都很缺乏合作能力，我们要说明一点，合作能力不是遗传得来的，而是经过训练得到的。当然，每个人都有合作的潜能，这是天生的，但是潜能很有限，未经训练不能发展成一个人的能力。那些罪犯没有学会合作，忽然面对需要合作的情况，会手足无措，接着就会犯罪。所以要预防犯罪，就要重视孩子合作能力的培养。

要预防犯罪，我们需要了解罪犯的特点，前面已经论述了很多，现在总结一下。

第一，罪犯都缺乏勇气。他们只能和自己的同伙合作，只能过没有意义的生活，除了犯罪，不会做别的，他们往往只会犯一种罪，这说明他们将自己困在了一个小天地里。因为合作需要勇气，不会合作的人缺乏勇气，会为自己设立障碍。

第二，罪犯会为犯罪酝酿情绪，并为自己开脱。他们需要突破自己的底线，为自己找个理由。突破底线并不容易，但如果准备好了犯罪，他们一定会想到突破底线的方式，比如想想自己受的委屈、灌醉自己。

第三，罪犯的犯罪动机一般是不知道如何面对现实，特别是为了谋生。他们也希望解决问题、克服难题，但他们没有学会用正确的方式，没有勇气用合作的方式面对现实。而且他们感觉自己在和警察博弈，犯法之后逃过法律制裁，就会认为自己很机灵，感觉自己战胜了警察、法律和社会秩序。他们总在欺骗、麻痹自己，比如他们认为下毒成功是一场胜利。

第四，罪犯都有自卑情结。他们逃避劳动，逃避只有合作才能完成的任务，他们会有无能感。他们大部分是手艺不精的工人，在劳动中体会不到优越感，就寻求另一种方式实现优越感目标。他们认为自己很勇敢，但他们是生活的逃兵，我们能把逃离生活前线的士兵看成英雄吗？罪犯的生活都像是在做梦，他们不知道真相，又害怕看到真相。

第五，罪犯都曾经是受到娇惯的儿童或者是有心理负担的儿童。

既然我们了解了罪犯的心理，也吸取了很多经验，那么就可以改造罪犯了。但是，改造每个罪犯，改变他们的生活态度是非常艰难的工作。所以消除犯罪，就要以预防为主。

想预防犯罪，就要为心理不够强大、不能应对困难的人减轻负担。比如，我们要保证所有想找工作的人都能有一份工作，减少失业人口，给予没有职业经验的人一个机会。这是降低犯罪风险的唯一方式，那些合作能力不强的人有了保障就很难犯罪了。我不知道现在的经济条件是否能满足人人都有工作的需求，但我们要努力做到这一点。

要预防犯罪，必须从儿童抓起。我们必须培养儿童面对未来职业的态度，帮助他们养成积极的心态，让他们拥有更广阔的活动空间。我们要教育儿童不要以个人角度看待世界，不要过低评价自己，也不要限制自己。我们还要减轻儿童对社会的恐惧心理，让他们不要害怕与人交往、合作。监狱里也可以进行这些培训，我们已经做了一些尝试，以后还要继续探索。我们不可能根据每个罪犯的情况，制定出适合不同罪犯的改造方案，但可以进行集体改造。比如，可以和大量罪犯一起讨论问题，我们发问，让他们回答。我们要开启他们的心智，让他们从自己的梦里醒来。

要预防犯罪，就要避免在社会中出现罪犯和穷人不愿意看到的东西。比如，巨大的贫富差距就会激怒穷人。我们应当避免炫富，更不要在穷人面前炫耀自己。我们不能刺激罪犯，不要激起他们的斗志。我们在治疗问题儿童时已经知道，压制他们根本没效果，那只会让他们认为世界都在和他们对抗，让他们加强自己的看法。罪犯也是这样，警察、法官甚至是法律，都极容易变成挑衅因素，激起罪犯的斗志。我们在对待罪犯时要谨慎一些，尊重罪犯，避免侮辱他的人格、名字。严刑峻法改变不了罪犯，宽松的政策也一样，想改变他们，只有让他们认识到自己错误的根源。罪犯更不会屈服于死刑，他们只会把死刑当成更刺激的游戏。

要预防犯罪，提高破案能力也很重要。调查显示，至少有40%的罪犯逃过了法网，当然，实际情况可能要高得多，这就使罪犯加深了自己可以逃脱侦查的念头。几乎每个罪犯都有过犯罪后未被发现的经历，所以这也是犯罪率居高不下的原因。不过我们的破案能力现在已经提高一些了，前景还是比较不错的。

要预防犯罪，就要提高监管人员的素质。在监狱中或出狱后，罪犯都不能受到羞辱和挑衅，所以监管人员的素质十分重要，他们必须懂得怎样和罪犯合作。

这些预防措施中有一个是最难办到的，就是教育孩子的问题。我们要提高父母的素质吗？不，这个办不到，父母很难沟通，那些最需要改变的父母往往是最难相处的人。他们抵制心理培训，学校经常请不来他们。所以，我们还是要培训老师，让老师纠正孩子的错误，培养孩子各方面的素质。

　　由此可见，教育也是预防犯罪的最主要手段。我们不断提高教育水平，就可以让孩子长大后学会积极合作，遇到困难不选择逃避，面对压力不轻易退缩，让他们为了人类的幸福积极解决自己的问题。

第十章

职业

第一节
人生的三大问题

我们已经总结了生命的三大关系，并在此基础上明确了人生的三大问题。这三个问题不是分开解决的，解决其中任何一个都会涉及其他两个。第一个关系引出了职业问题，我们居住在地球上，要依赖地球的资源、土地、气候和空气，这些环境为我们提出了生存问题。要解决生存问题，我们就必须工作。我们的工作在不断适应时代发展，旧的问题得到解决后，又会迎来新的问题，所以社会上总会出现新的职业，工作中总会遇到新的难题。

要解决这个问题，就引出了第二个关系，即社会关系。我们都是人类，必须互相依赖才能生存。我们需要考虑别人、关注别人、与人相处，所以我们会发展自己的社会情感、合作能力。解决了这个问题，我们就能更好地解决第一个问题。

正是因为人类学会了合作，所以才有了劳动分工。如果每个人只想靠自己谋生，不想和别人合作，也不想用前人创造、生产出来的东西，那人类怎么能进步呢？正是因为有了劳动分工，我们才能专心发展不同的技能，并综合利用这些技能，从而造福人类社会。

也有些人试图逃避工作，他们想不劳而获，我们会发现，他们虽然在逃避问题，但实际上还是在靠别人养活。这一般是被娇惯的孩子才有的生活态度，一遇到难题，就想依赖别人。阻碍人类合作、给积极解决问题的人增加负担的，主要就是被娇惯的孩子。

第三个关系就是人类分成男人和女人，男人和女人之间有两性关系。我们只有正确对待异性和自己的性别任务，才能保证人类的延续。两性关系也是很重要的一个问题，解决这个问题同样不能和另两个问题割裂，为了成功解决恋爱、婚姻问题，我们首先要有一个正当的职业，还要学会与人友善相处。现在我们已经看到，解决这个问题的最好方式就是一夫一妻制，这很好地体现了劳动分工的要求。一个人如何看待恋爱问题，也能表明他的合作能力。

这三个问题不是割裂开的，它们之间有着千丝万缕的联系，其中一个没有解决好，其他问题也肯定受影响，解决好了其中一个，另两个就会明显改善。因此，这三个问题其实是一个问题的不同方面，这个总的问题就是人类要如何在赖以生存的环境里保全、延续生命。

第二节
职业的早期训练

女性对人类延续生命的贡献极大，所以母亲本身就是一个职业，而且在人类分工中的地位比任何职业都高。母亲要创造孩子的生命，关心孩子的健康成长，为孩子成为一个优秀人才铺平道路，其中，很重要的一项工作任务就是教会孩子合作、让孩子关注他人，所以她们的价值无法估量。

但是，在我们的社会中，母亲的价值被低估了，人们并没有认识到母亲的巨大作用。母亲这个职业没有薪水，在家中也往往处于从属地位，所以很多人并不尊重母亲，还有些女性甚至不想做母亲。但是，一个家庭要想过得幸福，就必须依赖母亲，母亲的重要性并不比父亲小。

母亲是影响孩子职业兴趣的第一个人，在孩子四五岁之前，母亲对孩子侧重培养的方面很可能会成为他日后的主要兴趣，进而发展成职业。我在做职业指导的时候，会问父母是做什么的，孩子在四五岁之前喜欢做什么。早期记忆可以表明孩子的职业兴趣培养了多长时间，一个人对某个方面有长久的兴趣，就可能选择相关职业。

第三节
影响职业选择的其他因素

现在学校越来越重视培养学生的能力了，在学校里，学生可以训练自己的双手、眼睛和耳朵，发展自己的体能，这些都是未来的职业所需要的。这些素质教育和学科教育同样重要。常常有人说，当初在学校里学的拉丁文和法语一点用都没有，不过也有人认为虽然没有实用性，但是有助于自己技能的发展。现在有些学校开始加强手工、美术的教育了，我相信这可以让学生变得心灵手巧，也可以增强他们的自信。

如果孩子在上学的时候就清楚自己以后想干什么，他们肯定会向着目标前进。我们在问孩子以后想做什么的时候，很多孩子都能回答上来，而且不用经过思考。比如，有些孩子会说以后要开飞机或者开火车，但他们说不上来为什么要做这些。我们在进行职业指导的时候，就要认清他们为什么会有这样的理想，要看看他们都付出了哪些努力，是什么促使他们有这样的想法的，还要看看他们的优越感目标，问问他们认为怎样才能实现目标。他们的回答一定能让我们找到具体的引导方案。

12—14 岁的孩子已经清楚自己想做什么了，如果这么大的孩子说不清楚自己未来想干什么，我就会感到一阵难受。他的意思好像是没什么理想，但并不是说真的对一切都没有兴趣。他很可能有崇高的理想，但没有勇气说出来。对于这种孩子，我们总要费很大力气才能发现他的志趣。

16 岁，很多孩子都已经中学毕业了，却经常面临择业困难的问题。这些孩子在学校里很聪明，但在生活面前总会感到迷茫。他们其实都怀有雄心，只是合作能力不太强。他们在劳动分工中还没有找到自己的位置和实现抱负的途径。所以，我们要早一点做职业引导，在学校里就要经常向他们提出这个问题，这样一来，他们就能经常考虑这个问题了。

在学校里，我还会问学生为什么会选择某个职业，他们的答案往往带有启发性。比如，在他们的回答中，我们能发现他们的生活态度，以及他们认为生命中什么是最重要的。实际上，只要孩子的目标对人类有益，我们就应该支持，因为职业没有贵贱，只要符合社会需要，我们都应该鼓励。

有些人在学校里没有固定的职业目标，到了生活中也会更换很多职业，他们从不满意自己的现状。他们想要的其实不是一个职业，而是不劳而获。他们不想面对生命的问题，觉得生活充满艰辛。所以这些孩子也是被娇惯的儿童，他们只想靠人养活。

还有不少人会反复追忆四五岁前培养的兴趣，他们可能后来做了与自己兴趣无关的工作，但根本放不下童年时的记忆。从这里也可以看到，童年时期的培养有多么重要。我们在做职业指导时，就很注重学生的早期记忆。如果早期记忆中出现了视觉形象，那他可能更适合使用眼睛的工作；出现了别人说的话，或者风声、铃声，那他应该是听觉型人格，很可能会做与音乐有关的工作；有的人的早期记忆中会出现动作，这些人应该对运动类的工作更感兴趣，比如户外工作、耗费体力的工作等。

第四节
孩子的表现会影响日后的职业选择

　　很多孩子会表现出想要超越家人的愿望，特别是想超越父亲或母亲。这是一种很好的表现，我们很高兴看到长江后浪推前浪，只有不断超越前人，社会才会进步。另外，如果孩子想在父亲的职业领域里超越父亲，那父亲的工作就为孩子的发展准备了条件。比如，父亲是警察，孩子很可能会梦想当律师或法官；父亲在诊所工作，孩子可能会梦想当医生；父亲是老师，孩子就可能想当大学教授。

　　孩子往往会玩"过家家"的游戏，这也为他们日后的工作奠定了基础。比如，有的孩子想当老师，他会把一群孩子聚集起来，模仿老师给学生上课的样子。孩子们玩的游戏能给我们提供线索，让我们看出他们有什么志向。比如，女孩儿们都喜欢玩娃娃，她们这是在学习当母亲，学习照顾婴儿，所以我们应当鼓励她们。有人认为女孩儿玩娃娃实在太幼稚，但是，她们在玩的过程中扮演了母亲的角色，学会了母亲要做的工作。

女孩儿从小就学着做母亲对她们日后很有帮助，如果她们在有了孩子以后才开始学习怎样做好母亲，那就太晚了。男孩儿会对机械、科学感兴趣，这预示着他们会从事相关领域的工作，所有类似的表现我们都应该鼓励。

有些孩子不愿意做领袖，他们总会找到一个领袖，而自己跟着领袖完成他们的指示。这种表现极其不好，我们必须纠正这种倾向。如果不及时纠正，他们将来不仅无法主宰工作，更难以掌控自己的生活，只会选择小职员的岗位，做一些无足轻重的重复工作。

有的孩子很关心疾病或死亡问题，这说明他们得过疾病或见过死亡。他们的理想很可能是做医生、护士或药剂师，我们要鼓励他们为理想奋斗。很多出于兴趣而当了医生的人，都是从小就开始学习相关知识，而且很敬业。见过死亡的孩子还有另一种发展，他们会选择艺术或文学，因为创作的作品可以超越死亡；还有的人会变得很虔诚。

有的孩子很懒惰、很马虎，他们日后很可能会逃避工作。如果我们发现孩子有了这类性格，就必须及时纠正。我们要用科学的方法找出其中的原因，并帮助他们改正缺点。我们需要用双手创造财富，懒不是美德。理性告诉我们，我们生活在大地上，注定要工作、合作与奉献。

第五节
天才形成于早期努力

所谓的天才与童年早期的学习有密切关系。那些被称为天才的人，都为人类的福祉做出了巨大贡献，我们想不出任何一个没做出过重大贡献，却被人们称为天才的人。可能有人会问，艺术也算是贡献吗？当然，不仅如此，那些创作艺术品的人还都很富有合作精神。那些伟大艺术家们的所有创作不正是提高了我们的文明水平吗？

比如，荷马在他的史诗里只提到三种颜色，用来描述所有的东西。当时可能没有其他颜色的词，也可能是人们认为没必要区分各种颜色。那后来是怎么发展出各种颜色的名字的呢？这当然是艺术家和画家的功劳。

音乐家为我们提供了美妙的曲子，让我们舍弃了原始人的粗犷音调，我们的语言也变得越来越动听了，这都是音乐家的功劳。他们丰富了我们的心灵，教会了我们怎样发音能更悦耳或更有穿透力。

诗人增加了我们的情感深度，让我们更能理解他人、表达自己。他们还丰富了我们的语言，让语言充满弹性和韵味，这样我们就能用语言表达生活的方方面面了。

　　可见，天才一直都是最富有合作精神的人。从他们的行为或态度中，我们或许看不到他们有高超的合作能力，但是他们的生命会洋溢出合作的热情。他们和普通人不一样，很多天才都有缺陷，在合作时需要克服重重障碍和困难。即使这样，他们也很早就明确了自己的兴趣，并努力训练自己。经过训练，他们的感官极其敏锐，能够感知细微的差异，并能利用自己的技能表现这些细微差异。由此可见，他们的才华是自己创造出来的，并不是来源于令人忌妒的天分或遗传，正是他们的勤学苦练为我们带来了福祉。

第六节
童年的兴趣培养极其重要

从天才的培养过程可以看出，童年的兴趣培养是成功的重要基础。所以我们要及时发现孩子的兴趣，并加以鼓励。比如，有个三四岁的女孩儿在给自己的娃娃缝一顶帽子，看到她这么有兴趣，我们就可以夸她做的帽子很漂亮，并给她提出更多建议，例如怎么把帽子做得更漂亮。小女孩儿受到鼓励后，就会加倍渴望提高自己的技巧。

相反，如果我们看到她拿着针，就紧张地说："把针放下，小心扎手！你不用做帽子，我可以买一顶更漂亮的帽子。"小女孩儿听了自然会放下针，但是她永远也不会在缝制衣服方面发展才能了。

如果换成两个女孩儿，她们一定会有不同的发展，前一个女孩儿具有艺术创造才能，对自己的工作充满积极乐观的态度；后一个女孩儿不知道自己能干什么，并认为买的东西肯定比自己做的好，她对待工作也很可能没有多大兴趣。

我们不只要培养孩子的工作兴趣，还要注意其他方面的兴趣培养。我们不能过于重视金钱，如果一个家庭过分高看金钱的重要性，那么孩子就会只从金钱的角度看待工作。这是极大的错误，这样的孩子不会追求对他人有益的东西，也不会发展自己的工作兴趣，甚至会走上歧途。当然，每个人都需要谋生，但不能为了自己的生存而增加他人的负担。

　　如果一个人只想着赚钱，那他就会变得自私自利，合作意识也会变得极差。当赚钱成了唯一目标，他就可能失去社会情感，走上犯罪道路。即使没有这么极端，那他也可能极其吝啬，对社会没有太大的作用。

　　当然，在我们这个复杂的社会中，坑蒙拐骗的人也可能会发家致富，一些不走正道的人也能变得成功，相对而言，那些人生态度很正确的人反而很难取得成功。但是，我们相信，那些人生态度很正确的人肯定能保持自己的勇气，对未来充满信心。

第七节
对待职业的态度

有些人会把事业当成借口来逃避婚姻、友谊问题。这些人往往很投入工作，觉得只有在事业有所成就之时才能考虑爱情。有的人还会将工作当成逃避责任的借口，他们会想："我根本没时间谈情说爱，所以没法对婚姻负责。"

神经症患者中经常见到逃避婚姻和友谊的人。他们似乎对异性不感兴趣，也不关心他人，只是没完没了地工作。他们把自己搞得压力很大，最后就会出现胃痛等问题。这样一来，他们就更觉得难以处理爱情和友谊问题了。

此外，还有人频繁地换工作，总想找到更适合自己的工作。他们可能认为换个新工作会使压力变小，但是一段时间以后又感觉承受不住压力了，就再换个工作。这样一来，他们就像是漂泊不定的浮萍，很难扎根。

我们对待职业上遇到问题的人，就应该像对待问题儿童那样，帮助他们找到最大的兴趣，这样才能更加有效地促进他们的发展。针对择业困难的年轻人，或者是事业上遇到问题的中年人，我们都可以采取这种方法，并给予他们职业指导，帮他们做好职业定位。

当然，具体操作起来，可不是件容易的事。如今，高失业率成了各个国家高度关注的问题，这个问题说明人们之间的合作还是有所欠缺的。我相信，懂得合作重要性的人都会关注就业问题，设法减少失业者，确保每个人都有工作可做。

现在，社会上有了工读学校、技术学校和成人学校，这些学校就是为解决就业问题而建立的。很多人都是因为没有接受过培训、没有技术而失业的，还有人是不想工作，这些学校可以解决这些问题。当然，这只能解决一部分人的就业问题，社会上没有接受过培训的人实在太多了，他们已经成了社会的一大负担。不仅如此，他们中的很多人还看不到自己的价值，会感觉社会抛弃了他们，进而发展成罪犯、自杀者、神经症患者等。

所以，一切父母、老师和关心人类发展的人，都应当努力保证孩子受到足够的训练，帮助他们做好未来的职业定位，让他们成年后明白自己的社会价值。

第十一章

个体与社会

第一节
社会发展与合作的关系

正是因为我们关注别人，想和别人建立联系，人类才会进步。人类最初的单位是家族，在家族中，人们互相关心、互相爱护，这种天性在当时的环境中很有必要，它可以让人们团结起来共谋生存、抵御灾难、延续生命。

之后，原始部落形成了，他们有了共同的符号，符号的作用就是让部落成员团结起来。最简单的原始宗教就是图腾崇拜，比如有的部落崇拜蜥蜴，有的部落崇拜公牛或蛇。崇拜同一种图腾的人会在生活中互相协作，部落中的成员之间情同手足。这些原始风俗是促进人们协作的一大方式。后来，部落中有了节日，在这一天，人们要聚在一起讨论关于收获、抵御猛兽和天灾的问题，所以节日的意义也是促进协作。

原始部落将婚姻看成关系全部落利益的大事。很多部落规定，人们不能和自己部落的人结成配偶，也就是说，他们必须与崇拜不同图腾的人结婚。这就说明，婚姻不是个人的事情，而是关系到部落之间和谐共处的大事。另外，社会还希望后代能健康成长，他们发现同一部落的人结合生育的后代有缺陷，而不同部落的人相互结合生育的后代很健康。相互结合的双方还需要相互合作，共同抚养孩子，所以人们将婚姻看得越来越重要。

现代人可能觉得原始社会的图腾和规范婚姻的复杂习俗难以理解，但它们对当时的社会很重要，它们的本质就是在促进人们之间的合作。

后来出现的宗教也是在推动合作的发展。比如，宗教里有一条训诫是"爱你的邻居"，这其实就是在促使我们关注他人。有些被娇惯的孩子会问："我为什么要关心别人，他们关心我吗？"这说明他们缺乏合作精神，只关心自己。这些只关心自己而不关心别人的人，在生活中常会遇到很大的困难，也会给别人带来伤害。很多宗教就是在促进合作，避免人们产生自私心理。

在政治中，最好的政策、制度、法律等都有可能被人滥用，如果人们没有合作精神，谁都无法用政治达到目的。每一位政治家都应该将人类的进步作为最终目标，这本身就包含一种合作精神。如果一个政党能将人民团结起来，它就完成合作的目的了。社会运动也是这样，如果社会运动的目的是提高人们的社会情感，让人们认可自己的国家、热爱本国的传统文化、致力于改良法律制度，我们就没有反对的理由。

所以，评判任何社会因素的标准都是一样的，就是看那些因素能不能促进合作。我们以后还能发现很多有利于促进合作的方式，每一种方式都会有各自的优点和缺陷，但只要能促进合作，就是有用的方式。

既然合作很重要，那么只关心自己得到了什么，盲目追求个人地位的人生观肯定是错误的。这种人生观会阻碍个人发展和集体进步。只有开始关注他人，我们才能发展自己的所有能力。比如，说话、阅读、写字，都是与他人沟通的能力。人们在沟通的时候需要语言和理解，语言本身就是人类都能识别的符号，是社会中的重要纽带；而理解也是双向的，不是每个人单方面的主观愿望。

有的人只追求自己的利益，他们认为只要自己过得好就行。他们很自私，不会和别人合作，所以也会表现出难以交流的神情。比如，那些只学会了关心自己的孩子，脸上就常会有自卑或茫然的表情，罪犯和神经症患者的脸上也会有类似的表情。他们的眼神没有光彩，不会和人有眼神交流，有时与之对视，他们会转移视线，总是望着别的地方。

第二节
利己主义

对人失去兴趣的精神病病人

最严重的情况就是精神病病人，他们几乎失去了对人的兴趣。不过，就算是神志失常也不是无药可医，只要能唤起他们的兴趣，就有希望治好他们。治疗这种病非常难，只能用耐心、友好、温柔的方式。

比如，我有次治疗一个患有精神分裂症的女孩儿，她患病八年了，过去两年一直住在医院里。她像狗一样叫，总是吐舌头，还经常撕自己的衣服、咬自己的手帕。她已经失去了对别人的兴趣，并把自己当成了狗。或许她感觉母亲把她当狗一样养活，她的生命意义可能是："我越见人就越感觉自己像狗。"我连着和她谈了八天，她一句话都没说。我没有放弃，和她聊了一个月后，她开始模糊不清地讲话了。我像朋友那样对待她，她一定感觉到了我对她的鼓励。

这些病人即使受到了鼓励，短时间内也还是无法学会正确处理问题。就像这个女孩儿，我在和她谈话时，她出手打了我，但我没有抗拒，这很让她吃惊。幸好这个女孩儿的力气不是很大，我只是和蔼地看着她，她也就感觉不到任何威胁了。此外，她还打碎了医院的窗户，划破了自己的手，我也没有责怪她，只是把她的手包扎起来了。

如果看到精神病病人做出这些行为，就惩罚他们，比如把他们隔离起来，给他们穿束身带，这都无益于治疗。精神病病人会不吃东西，撕自己的衣服，或者做出其他惹人恼火的事，我们不能制止他们，只能由着他们，否则他们的病情会越来越严重。

后来，这个女孩儿痊愈了。一年后，我在路上遇到了她，她很健康。她问我："您要去哪，阿德勒医生？"

我说："我正要去你住过两年的医院，跟我一起去吧。"

我们到那里之后，见到了她的主治医生。我建议那位医生先和女孩儿聊聊。后来，医生很不解地问我："这个女孩儿完全好了，可是我有点不高兴，她好像对我没有好感。"

病人对待医生的态度和医生对待病人的态度有很大的关系。我后来还偶尔去看望她，她十多年来一直很健康，学会了自己赚钱，与别人的关系也非常好，所有见到她的人都不相信她以前是精神病患者。

和世界隔绝的妄想症和抑郁症患者

妄想症和抑郁症患者也和世界隔绝了，他们是完全相反的两种病人。妄想症患者指控所有人，认为别人都想害他；抑郁症患者指控自己，认为自己害了别人，比如，他会想："我害了全家。"或者"我这么穷，孩子都要饿死了。"虽然抑郁症患者是在指控自己，但更深层的还是在指控别人。

比如，我见过一位颇有地位的女士，她的三个女儿都出嫁了，丈夫死于一次意外事故，这打乱了她的生活，她感到很寂寞，就去欧洲旅行了。但是，这并没有让她放松下来，她反而患上了抑郁症，朋友都离她而去了。

这位女士发电报让女儿们来看望她，但是女儿们各有各的借口，都没去看她。回家后，她一直念叨着"我的女儿们都对我很好"，但女儿们偶尔才来看看她，她只好请了一个保姆来照顾自己。

她的意思并不是像表面上说的那样，而是在指控女儿们不来看她。抑郁症患者内心希望得到别人的关怀，但表面上却在指责自己。他们还会用自杀来报复别人，所以医生要小心，不要为这类患者提供自杀的借口。

我在治疗抑郁症患者时，给他们的建议是："绝对不要做你不想做的事。"这是治疗的首要原则，看起来是件小事，但是对抑郁症患者来说可是件大事。如果抑郁症患者能够随心所欲，也就不会跟自己过不去了。我经常建议他们："如果你想去剧院，或者想去旅行，那你就去。如果又不想去了，那你就回来。"其实，这是任何人都想拥有的生活，能满足所有人的优越感目标。这个办法很管用，我治疗的抑郁症患者没有一例自杀的。

很多时候，抑郁症患者会说："我什么都不想做。"我也料到他们会这么说，我会回答："那你不想做就别做。"还有的病人会说："我就想天天躺在床上。"我知道只要我不反对，他们也就不再坚持这样做了，但我一反对，他们肯定会抵触。所以我总是表示同意，这是我的一个小花招。

另一个方法是激将法，这个方法比较直接，我会告诉他们："如果你能每天想想如何让别人获得快乐，那你的病在两星期内就能好。"这个方法为什么能激将呢？因为他们脑子里在想，"我怎么才能让别人不快乐呢？"

病人的回答会很有趣，有的会说："这事简单，我一直都是这么做的。"但实际上他们并没有这样做，然后我就会建议他们："如果晚上睡不着，你就想想怎么能让别人高兴。这么做对你的健康有好处。"第二天看他们时，我问他们有没有按我的建议去做，他们一般会回答："我想了，但很快就睡着了，没有像平时那样失眠。"当然，我们在和病人沟通的时候需要真诚、友好，不能让病人感觉我们比他们高明。

还有的人会回答："我没空考虑别人，我自己的事都愁不完。"我会告诉他们："你当然要考虑自己的事，但你可以抽空想想别人。"我总是尝试引导他们去关注别人。

也有很多人会说："我为什么要考虑别人，别人也没考虑我呀。"面对这种人，我会说："你得考虑你自己的健康，别人如果不考虑其他人，也会得这种病的。"

总之，我所做的一切都是让病人关注别人。我知道他们患病的原因是缺乏合作，只要一个人懂得平等、友好地和别人相处，他的病也就好了。

第三节
缺乏社会情感的过失犯罪

"过失犯罪"也是缺乏社会情感的一种典型表现。比如，一个人随意丢了一根火柴，结果引起了森林大火。最近有个案件，有个工人准备下班回家，由于疏忽，将一根电缆落在了路上，结果一辆车驶来，碰到了电缆，车上的人全都死了。

在这两个案例中，肇事者主观上没有想害人，在道德上似乎不能受到指责。但是，他们没有为别人着想，没有想到要保护人的安全，最后对社会造成了极其不好的影响。可见，缺乏社会情感的人很容易造成难以预料的灾难。

我们经常见到脏兮兮的孩子，还有一些人总是毛手毛脚，不是摔了盘子，就是蹭掉壁炉架上的装饰。他们不只是不修边幅、毛手毛脚，一定还缺乏合作精神，不信你可以观察观察。

第四节

如何培养社会情感

社会情感是在家庭中和学校里培养出来的，也许社会情感不是遗传来的，但是它的本能可能和遗传有关。当然，社会情感也可能和母亲对孩子的关爱有关，而孩子对环境的判断也会影响自己的社会情感。

如果孩子感觉周围的人对自己充满敌意，无法交到朋友，那他就无法发展自己的社会情感；如果孩子认为别人都是自己的奴隶，那他就很难和人平等相处，并总想控制别人；如果孩子只关心自己的感受，只在意自己身体的不适，那他就会把自己和社会隔离开来。

前面说过，要正确培养孩子，父母就应该和孩子平等相处，引导他关心别人，而父母之间也要平等相处，要将外面的朋友引进家庭中，这样，孩子就能知道家庭外面也有可靠的人。另外，学生也要有集体感，应该明白自己是集体的一分子，自己可以和别人友好相处。家庭和学校是为孩子走向社会做准备的地方，所以应当教会孩子怎样与人相处，并培养他们的社会能力。一个人具备了这些素质，才能勇敢地面对生活并造福他人。

如果一个人能通过有益的工作和幸福的婚姻为社会做出贡献，他就不会觉得自己低人一等了。他在任何地方都会感觉氛围很好，会遇到自己喜欢的人，能够应对所有的困难，认为："这是我的世界，我要行动起来。我要积极规划我的人生，不能幻想、等待。"

这样的人会感到自己是整个人类进程中的一部分，并清醒地认识到当下正是自己为社会做贡献的良好时机。当然，世界上确实存在邪恶、困难、偏见和灾难，但这是我们生活的世界，无论它有什么优缺点，我们都必须接受。我们要在这个世界中成长、工作、结婚、养育子女。只要认真面对自己的任务，相信每个人肯定能为改善世界做出应有的贡献。

最后，再次重申，要培养社会情感，就必须认真面对生命的三大问题，而合作是其中的关键。我们对一个人的全部要求，就是要做工作上的好同事、爱情中的好伴侣、所有人的好朋友。做到了这些，他才值得我们夸赞，才能证明自己是一个完整意义上的"人"。

第十二章

爱情与婚姻

第一节
爱情、合作与社会兴趣的重要性

在德国某个地方有一种古老风俗，结婚前，新郎、新娘要用一把双柄锯将砍倒的大树锯为两段。男女双方各握一个手柄，需要全力合作，才能完成任务。如果不能很好地配合，他们要么锯不断大树，要么会耗费好几倍时间。这些德国村民从他们的合作程度来判断他们是否适合结婚并能过上幸福的生活。可见，他们很早就认识到，合作是婚姻的首要条件。

那么，爱情和婚姻到底意味着什么？我认为爱情和婚姻，就是要给予伴侣最亲密的爱意。身体魅力、伴侣关系以及要生育孩子的决定，都是这种感情的表现。爱情与婚姻事关人类的幸福，不可或缺。

但爱情和婚姻绝不像一些心理学家所说的那样，纯粹出于生理本能。诚然，身体魅力是人类发展的一个巨大驱动力，是人的一种本能。我们知道，人类必须繁衍生息才能维持生命延续。但爱情与婚姻绝不仅仅满足于这种驱动力。事实上，爱情和婚姻是人类为追求幸福而进行的合作。

在两性关系中，我们要时常为对方考虑，而不是只考虑自己。比如，懂得关心对方，在做事的时候，会尽力照顾对方的感受和利益。这样，夫妻间的很多矛盾就能随之化解。

要真正处理好两性关系，建立平等的伴侣关系是必要的。我们都应当关心对方胜过自己，这是爱情和婚姻成功的唯一基石。只有夫妻双方都做到这一点，才能实现真正意义上的平等。而且，双方都应该努力让对方生活得更舒适，让双方觉得彼此需要，无可取代，并把对方看作自己真正的朋友。

从我们从小所受的教育来看，两性合作的确是一个挑战。我们被教导独自工作或同一群人工作，唯独缺少和异性工作的经验，这就导致很多人不懂得如何同异性合作。比如，不少男人认为，在异性关系中，起主导作用的是自己，女方必须受控制。一旦一方想操纵另一方，强迫对方服从自己，双方就无法很好地相处，因此婚姻不幸福。

没有人长期心甘情愿处于屈从地位，哪怕是在夫妻之间。夫妻应该是平等的，唯有如此，才能在生活中通过共同努力找到解决问题的途径。譬如在生儿育女以及孩子的教育上达成共识，即便出现了问题，双方也会合作解决，而不会相互推诿。

第二节

夫妻是平等的伙伴关系

我们的社会太重视个人成功了，所以我们很关心自己能得到什么，却从不关心自己能给予什么。正因为如此，很多人都没有做好与人合作的准备，这在婚姻问题中表现得尤为突出。两个人步入婚姻，就意味着要亲密地生活在一起了，这对很多人来说是第一次与异性建立亲密关系，他们不习惯考虑异性的兴趣、目的、抱负和心愿。那么，结婚前应该做哪些准备，才能避免出现这类错误呢？

我们在成年以后解决难题的方式其实早已养成，一般会按照自己一贯的生活态度做出反应。所以，一个人并不能一下子就做好应对婚姻问题的准备。在他的儿童时代，他的所有行为都会预示他会怎样面对成人生活。尤其是在五六岁的时候，一个人对待爱情的态度就已经定型了。

在儿童发展的早期，我们就能看到他有着怎样的爱情观。当然，我们不是说他有了性欲，而是说他在变成社会的一分子时会有哪些表现。他对周围的爱情、婚姻的认识最早就是在这个时期形成的，尽管对爱情的看法很模糊，但足以影响他未来的婚姻观。如果小孩很早就对异性产生了兴趣，说自己喜欢哪个小女孩儿或小男孩儿，我们切不可认为这是胡闹或者早熟，更不要嘲笑他们，我们应当看到，他们这是向爱情问题迈出了一大步。

我们不能无视这件事，而是要引导他们，让他们为婚姻做好准备。比如，我们可以引导他们与异性儿童友好相处，教他们怎样关心异性儿童。我们观察儿童时能发现，虽然很多儿童的父母关系并不和谐，但儿童还是会自觉拥护一夫一妻制，这让我们很感兴趣。

我们决不鼓励父母向儿童解释人的身体构造，或解释的多于儿童想了解的。如果教得不对，儿童就会把婚姻看作威胁或者难题。我就见过很多这样的孩子，他们在四五岁时就了解了不该了解的东西，成人后对婚姻产生抵触心理。如果在他们长大一些后再解释这些问题，他们就不会误解男女关系了。

我们发现，孩子在童年时就懂得身体的魅力了，他们会判断什么叫好看，会观察周围的异性长什么样。例如，一个男孩儿对母亲、姐妹和周围的女孩儿有了某方面的印象后，就会在未来选择类似的异性。有时候，艺术作品也会影响择偶观，他们若是感觉艺术作品中的人物具有美感，以后就可能找有相同特点的配偶。

因此，从广义上说，人们选择配偶时并不是盲目的，他们想找的配偶类型早已在脑海里定型了。对外在美的追求并不是无意义的，我们在判断一个人美丑的时候，其实是在判断他健康与否，只有选择健康的配偶，才有利于人类的延续。

有时候，母子或父女关系不和，孩子就会寻找和父母类型相反的人。比如，男孩儿经常被母亲责骂，又很软弱，那他就会选择窈窕淑女型的配偶。他的婚姻观是错误的，他想找一个可以受自己控制的伴侣，但是，这意味着婚姻不平等，而不平等的婚姻不可能会幸福。如果这个男孩儿想证明自己很强大，那他就会找一个强硬的伴侣，这可能是因为他喜欢强硬的女性，也可能是他想征服她，以此显示自己的强大。如果他和母亲的冲突极其激烈，那他很可能不会对异性产生兴趣。这种情况发展到极端，他就会排斥异性。

只要父母婚姻和谐，孩子的婚姻观就不会出现大问题。如果父母无法合作，他们就很难教会孩子合作。我们在判断一个人的婚姻观时，一般会看他小时候的家庭生活，看他对父母、兄弟姐妹的态度。但是，我们也要知道，一个人的人格并不取决于他所处的环境，而是取决于他对环境的看法。有的孩子的家庭很不和谐，但他以此提醒自己，这样一来，他就会为自己的婚姻做好准备。由此可见，了解一个人的家庭固然重要，但我们绝不可以因为他有个糟糕的家庭就判断他不适合婚姻。

　　没有准备好迎接婚姻的人，一定是自私的人。无论他有什么优点、是什么性格，他都只想自己活得痛快、自由，他没有学会关心伴侣，也不会考虑伴侣是否幸福快乐。他的生活态度会给他带来重重难题，他就像是一个把马尾当成缰绳的人。因此，我们在面对爱情时也要鼓起勇气，不能找借口，不能逃避责任。如果我们犹豫不决，或者疑心不止，婚姻一定会不和谐。

　　工作也是婚姻中的大事，现在，解决工作问题是结婚前的必要准备。夫妻中必须有一个人工作，或者两人都工作，这样才能解决养家的问题。

第三节
不适合结婚的人

实际上，两性合作需要做出承诺，只有做出不可更改的承诺，并为承诺负责到底，才能保证婚姻是真正的婚姻。承诺中包含生儿育女、共同教育子女、将孩子培养成优秀公民等。应该说，美满的婚姻是为人类养育下一代的最佳保障，任何婚姻都要考虑这一点。

我们如果拿婚姻不当回事，或者只商定责任期限为五年，就无法得到真正的爱情。如果有人有这样的想法，那么他一定不能真心对待爱情。现在有的人为了降低婚姻的压力，就提出给婚姻设置有效期，这种做法只会让夫妻双方不再努力或不再全力以赴，只会让夫妻双方更容易离婚。我知道这些人是想解决现在很突出的婚姻问题，但是方法不对。

我们知道婚姻伴侣都要忠诚、真心、可靠、无私……但是，很多人理解错了。有人认为每天回家睡觉就是对爱情忠贞，我敢断定，他们的婚姻生活会充满坎坷。有的人认为双方都要有各自的自由，这样的想法也是错的，这种关系并不是伴侣关系，在婚姻中，我们并不完全自由，我们必须把自己束缚在合作关系中。

有一对夫妻就约定了这样的协议，最后他们的婚姻酿成了悲剧。这对夫妻都离过婚，他们的文化水平较高，在结婚的时候希望不再重蹈覆辙，却不知道以前的婚姻为什么会失败。他们的社会情感有问题，但自己不知道，还一味地追求自由的婚姻，所以两人约定对方想干什么自己绝不干涉，而且必须相互信任，做过的事都要向对方坦白。结婚后，丈夫经常回家和妻子说自己的风流事，而妻子也很爱听，还感觉丈夫很有魅力。后来，妻子也想找个情人，但刚一开始就患上了恐惧症。她一个人不敢出门，只要走出房门就非常害怕，最后，丈夫不得不一直陪着妻子。

还有些婚姻在开始的时候就铸成了错误。比如，那些被娇惯的孩子在婚姻里会感觉受到了冷落，变成婚姻中的暴君，另一方受到了压迫，一定会反抗。如果双方都是被娇惯的孩子，那他们都会要求对方关心自己，无论怎样都不会得到满足。他们会寻找机会逃避婚姻，比如婚外恋。

还有些人不能专心爱一个人，经常会同时爱上两个人，他们觉得这才是自由，这样就不用承担婚姻的全部责任了。实际上，脚踏两只船的人必将坠入水中。

有些人会想象一种浪漫得不可企及的爱情，他们会沉迷于幻想中，而不会在现实中找伴侣。如果一个人将爱情高度理想化，他就会排斥所有人，因为没有人符合他的要求。

还有一种现象会在很多女人身上表现出来，那就是"男性抗争意识"，当然，少数男人也会有这种心理。前面说过，这类人会讨厌和排斥自己的性别，会压抑自己和异性交往的诉求，如果不正确引导他们，他们就无法完成婚姻的任务。

不满意自己性别的现象很常见，有些性冷淡和心因性阳痿患者就可能具有这种心理。他们会抗拒结婚，很可能感觉男女地位不平等。其实，只要我们对自己的地位不满，婚姻肯定会不幸。因此，我们必须培养自己对男女平等的认识，而且要让孩子认清自己的性别角色。

我们还发现，如果男女双方在婚前没有发生性关系，那么结婚后很容易获得亲密的爱情。经过调查发现，大部分男人并不喜欢女人在婚前献出自己的贞洁，他们会认为这样的女人太随便。而且，在我们社会中，如果婚前发生性关系，那么女人的压力会更大些。

如果结婚是因为恐惧而不是勇气，也会造成不幸的婚姻。合作需要勇气，如果婚姻双方没有勇气，那么一定不能进行良好的合作。他们很可能会选择一个酒鬼或者地位比自己低的人做伴侣，因为他们惧怕婚姻，不得不让另一半仰视自己。

很多不幸的婚姻都是双方不平等造成的，所以我们必须培养自己的平等意识。培养平等意识的最好方式就是友谊。我们在交朋友的时候应该学会站在对方的角度去看、去听、去感受。如果儿童在孤独中长大，没有朋友，还经常受到父母的看管，那他就很难体会别人的感受，还总认为自己是最重要的，只会保护自己的利益。做游戏就是培养合作的良好方式，但是，很多游戏都体现出了竞争关系，鼓励孩子与人比输赢。因此，我认为创造两个孩子一起玩耍、学习的环境是很有帮助的。交际舞就有这样的作用，因为只有两人配合默契才能跳好交际舞。我这里说的不是现在那种更像表演的舞蹈，而是以前那种简单的舞步，如果能教孩子怎样走舞步，那么将非常有助于他们的发展。

从一个人和异性相处的方式中，我们能发现他是否勇敢，能看到他会怎样和别人合作。每个人都有自己独特的求爱方式，这和他的生活态度是相一致的。我们从一个人追求爱情的方法中，就能看出他是乐观、自信、具有合作精神的人，还是一个悲观、懦弱、自私的人。勇敢的人会说："这就是我要保护的人，我要为了她提高自己。"懦弱的人会说："我表现得是不是很糟？别人会怎么看我？"这些问题扰乱了他们，他们自然会犹豫。

男人在追求女人时会有很多种表现，有的会小心谨慎，有的却是大胆冲动。不管是哪种方式，他的求爱方式肯定与他的生活态度符合。我们不能通过一个人的求爱方式来判断他能否和心上人和谐相处，但可以从中看出他是什么样的人。

在我们的文化环境中，一般需要男人更主动些，需要男人勇敢地表达爱意。因此，只要文化环境不变，我们就必须让男孩儿变得更主动、更果断、更坚持不懈。当然，也有女人采取主动的时候，但在当下的环境中，她们还是比较腼腆的，所以她们会用仪态和行为来示爱，比如穿着、眼神、谈吐和倾听的方式。总的来说，男人的求爱方式简单直白，女人的示爱方式蕴藉含蓄。

夫妻间的性吸引力是必要的，但必须符合为人类造福的原则。如果夫妻真的相爱，就不会出现性吸引力减弱的问题。性吸引力一旦减弱，就说明双方开始有隔阂了，他们可能不再关心彼此了，也可能感觉彼此不平等了，这样一来，双方就很难友好相处了，也不想去充实对方的生活了。

人的生理欲望和动物不同，它没有间歇期，所以能保证人类的繁衍。其他动物用别的方式保证生命的延续，比如很多动物会产下大量的卵，它们大部分不能成功长大，有的卵遭到了破坏，有的卵被吃了，但由于数量庞大，总会有卵能孵化出来。

人类也必须生儿育女才能延续生命。我们发现，在婚姻问题上自发关心人类幸福的人，一定会重视生育问题，而那些漠视他人的人就会抗拒生育的责任。后一类人只会索取，没有学会给予，他们认为孩子是麻烦、是累赘，只会让自己分心。所以我们认为，婚姻中生育子女是必然要求，美满的婚姻必然能解决生育问题。

第四节
婚姻观与人生观

　　一夫一妻制是婚姻关系中最好的制度，只有这种制度才能保证男女平等、彼此相爱。我们知道，任何关系都可能破裂，这是无法完全避免的，但是，只要我们把婚姻看成必须面对的义务，就能杜绝婚姻破裂的危险。

　　将婚姻看成天堂是错误的，将二人步入婚姻殿堂的一刻看成美满的结尾也是错误的。两人结婚后，故事才真正开始，只有在婚姻中，他们才开始面对真正的生活。但错误的观念极其盛行，比如在很多小说中就能看到，两个人结婚就意味着故事圆满结束了。这种情节好像在告诉人们，结婚意味着所有问题都已结束，男女双方的任务圆满完成了。

　　其实，婚姻关系中没有什么不可思议的东西，但是有些人会逃避婚姻生活，他们一般是被娇惯的孩子。和他们平时的生活态度一样，他们在婚姻中也不想奉献，只想轻松得到。他们需要的是露水夫妻式的、尝试性的、方便离婚的婚姻，结婚一开始，他们就想得到不受限制、不忠的权利。如果一个人真的关爱对方，一定会成为对方最好的朋友，为对方负责、忠于爱情、值得信赖。

两人开始婚姻生活后，还要关心孩子的幸福。如果夫妻没有做到这一点，孩子的成长就会出问题；如果夫妻把婚姻当作儿戏，或者整天吵架，认为婚姻无法继续，孩子一定会受到影响。

也许有人出于特殊原因必须单身，或者必须离婚，对于这类人，确实不能强行让他们和异性相处。他们会对离婚和结婚有同样的看法："我能从中得到什么好处？"显然，这类人根本没法做出承诺，他们会结了又离、离了又结，重复犯同样的错误。针对这种情况，我觉得心理学家可以决定他们是否应该结婚。我不知道美国是不是这样，但在欧洲，大部分心理学家认为最重要的是追求个人幸福。如果有人咨询他们该不该离婚，他们一般会建议找个情人，认为这样就可以解决夫妻矛盾。我相信他们早晚得改变观点，不再提出这样的建议。他们之所以会给出这种解决办法，是因为没有全面、连续地看待婚姻，没有将婚姻问题与其他问题结合起来处理。

还有人将男女结合当成解决心理问题的药方，在欧洲，如果男孩儿或女孩儿患上了神经症，心理医生往往会建议他们找个情人发生性关系，对成人也有这样的建议。这无异于将爱情和婚姻看成一种精神科专用药。这样不仅不能使患者痊愈，反而会让病情更加严重。因此，我们要正确对待爱情和婚姻，不能将它当成治疗的手段，不然，我们不仅没治好原来的病，还惹来了新的麻烦。

有的人在结婚的时候怀有不正当的目的，比如为了财产而结婚，或者因同情对方而结婚，还有的人是想得到一个仆人，这些都会导致婚姻的不幸。还有些人结婚是为了给自己找借口，比如，有个年轻人在学业和职业上遇到了困难，他感觉很可能会失败，为了给自己找借口就结婚了，他只要失败就说是婚姻给自己带来了压力。

我们不能轻视婚姻问题，它将决定我们一生的幸福。实际上，我见过的所有案例中，不利后果都是由女方来承担的。因为在我们的社会中，男性相对处于有利地位。

在这样的情况下，个人反抗不平等婚姻根本没有效果，而且还会破坏双方的关系和幸福。我们想要改善婚姻状况，只能想办法改变自己的生活态度。我在底特律有个学生，她做了一项调查研究，发现40%的女孩儿希望自己是男孩儿，这意味着她们不满意自己的性别角色。如果世界上有一半的人不满意自己的性别，反对另一半的人拥有更多的自由，那么我们该怎么解决婚姻问题呢？如果女人认为自己受到了轻视，认为自己只是男人的玩物，男人有权不忠于爱情，那么婚姻问题还能轻松解决吗?

在人类漫长的发展过程中，本来没有一夫多妻制和一夫一妻制，但我们与他人平等地生活在一起，并被分成了两种性别，所以只有一夫一妻制能保证婚姻平等。如果要从根本上解决职业、友谊和爱情这三个问题，就必须坚持一夫一妻制。只有坚持一夫一妻制，每个人才能在爱情与婚姻中得到最充分的发展。

ⓒ 阿尔弗雷德·阿德勒 李少聪 2022

图书在版编目（CIP）数据

自卑与超越 / (奥) 阿尔弗雷德·阿德勒著；李少聪译. -- 沈阳：万卷出版有限责任公司，2022.10

ISBN 978-7-5470-6045-2

Ⅰ.①自… Ⅱ.①阿… ②李… Ⅲ.①个性心理学 Ⅳ.①B848

中国版本图书馆CIP数据核字(2022)第128190号

出 品 人：王维良
出版发行：北方联合出版传媒（集团）股份有限公司
　　　　　万卷出版有限责任公司
　　　　　（地址：沈阳市和平区十一纬路29号　邮编：110003）
印 刷 者：艺堂印刷（天津）有限公司
经 销 者：全国新华书店
幅面尺寸：140mm×210mm
字　　数：185千字
印　　张：10
出版时间：2022年10月第1版
印刷时间：2022年10月第1次印刷
责任编辑：张　莹
责任校对：刘　洋
监　　制：黄　利　万　夏
营销支持：曹莉丽
装帧设计：紫图装帧
ISBN 978-7-5470-6045-2
定　　价：59.90元
联系电话：024-23284090
传　　真：024-23284448